SOW SWEET
PUBLISHING,INC.

presents

DIRECT CUTTING
series

ロックンロール・レコーダー
真島昌利

ROCK&ROLL RECORDER
Masatoshi Mashima

CONTENTS
目次

SOW SWEET PUBLISHING, INC.

45 RPM

● ● ● ●

SOW SWEET ANTISTATIC DISCLEANER

Here is a record cleaner that not only removes dust at a touch --- for finest reproduction, longest life --- but also mekes sure discs stay dust-free.

PROTECTS YOUR RECORDS
AGAINST DUST DAMEGE

ビートルズの衝撃！

ビートルズはドカドカドカと僕の心の中に入り込んで、

キーを回してエンジンをかけて、クラッチを踏んでギアを入れて、

アクセルを「ボアーン!!」とひとふかししたんです。

興奮と熱狂の中で「あんなことがやりたい！」と強く思いました。

そんな風に物事を強く思ったことは、それまで一度もありませんでした。

それは初めての感情で、それからはずっと夢見心地でした。

あれは小学6年生もそろそろ終わろうとする、2月の寒い日でした。
友達のS君の部屋へ遊びに行ったときのことです。
「何してたの？」と訊ねる僕に、S君は「レコード聴いてたんだよ。ビートルズ、
知ってる？　カッコいいんだぜ」と答えました。

それまで僕は音楽を聴いて「カッコいい！」などと思ったことがなかったので、意味がわかりません。
「カッコいい！」というのは、ジャイアンツの長嶋選手や戦車、軍艦、あるいは『あしたのジョー』、『男一匹ガキ大将』の
ための言葉でした。そんな僕を尻目に、S君は今まで聴いていたレコードを
引っくり返して「ちょっと聴いてみなよ」とレコードに針を落としました。
そのときにスピーカーから飛び出してきたのは「ツイスト・アンド・シャウト」。

ビートルズ!!

ぶっ飛びました。「何だこりゃあ!!」……言葉ではうまく表現できません。
何もかもが引っくり返って、すべてが変わってしまいました。
それは少し怖いくらいの衝撃でした。シビれたんです。

ビートルズはドカドカドカと僕の心の中に入り込んで、
キーを回してエンジンをかけて、クラッチを踏んでギアを入れて、
アクセルを「ボアーン!!」とひとふかししたんです。

僕はあまりの衝撃に圧倒されて、無言でした。
すぐにひとりになりたくなって、早々に帰宅しました。
S君は「あれ、もう帰るの？」みたいな感じだったと思います。

ザ・ビートルズ／ビートルズNo.2！

家に帰った僕は、**興奮**と熱狂の中で「**あんなことがやりたい！**」と強く思いました。

そんな風に物事を強く思ったことは、それまで一度もありませんでした。

それは初めての感情で、**それからはずっと夢見心地でした。**

世間で言う"夢見心地"とは、

部屋で何もしないで「ああなればいいな、こうなればいいな」って漠然と思うことなのかもしれない

けれど、僕の夢見心地は、寝食を忘れてひとつのことに熱中することなんです。

ビートルズは、それまでテレビやラジオで聴いていた流行歌とはまったく違っていました。

ビートルズは大声ですべてを笑い飛ばしながら、

「なんで君もやらないの？」

と言っていました。

それはとてもロマンチックな響きでした。

ザ・ビートルズ／ビートルズがやって来るヤァ！ヤァ！ヤァ！

ビートルズ！
AR-8026　¥2,000

AR-802

BEATLES!

Apple
RECORDS

Apple
RECORDS

ビートルズ！

巨星ビートルズの胎動期
ロックの第二の故郷がここに──

A）
1. 抱きしめたい
2. シー・ラヴズ・ユー
3. フロム・ミー・トゥー・ユー
4. ツイスト・アンド・シャウト
5. ラヴ・ミー・ドゥ
6. ベイビー・イッツ・ユー
7. ドント・バザー・ミー

B）
1. プリーズ・プリーズ・ミー
2. アイ・ソー・ハー・スタンディング・ゼア
3. P.S.アイ・ラヴ・ユー
4. リトル・チャイルド
5. オール・マイ・ラヴィング
6. ホールド・ミー・タイト
7. プリーズ・ミスター・ポストマン

THE BEATLES FOREVER
AR-8026

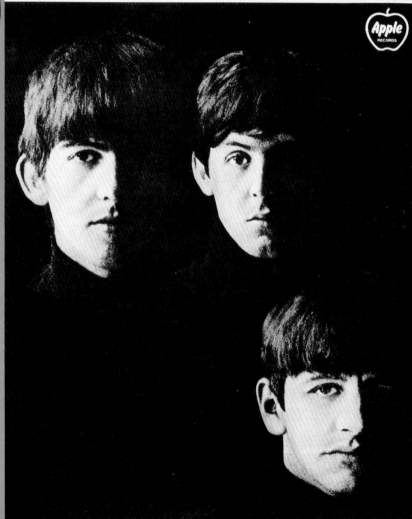

そうなんです。ビートルズは笑っていたんです。
「君、なんで笑わないの？　笑えばいいじゃん」と、
僕に語りかけたのです。
"けしかけた"と言ってもいいかもしれません。

ビートルズに完全にやられてしまった僕が、
自分で初めて買ったビートルズのレコードは、
『ビートルズ！』というLPでした。
当時はよくわからなかったけれど、日本独自に
編集されたLPです。

帯に書いてある「巨星ビートルズの胎動期　ロックの第二の故郷がここに」
という文章も何だかカッコいい。ビックリマークも付いてるし。

聴いてみたら、
「抱きしめたい」（原題：I Want To Hold Your Hand）も「シー・ラヴズ・ユー」も
「フロム・ミー・トゥ・ユー」も、次から次へとカッコいい！
もちろん「ツイスト・アンド・シャウト」も入ってるし、「オール・マイ・ラヴィング」、
「アイ・ソー・ハー・スタンディング・ゼア」も入ってる。ジョン・レノンとポール・マッカートニーの
声は素晴らしかったし、歌のうまさは圧倒的でした。どの曲もすごくて、僕の心のアクセルを
「ブオンブオン！　ブオーン!!」ってどんどん踏んでくる。
僕が今でもずっとロックンロール・バンドをやり続けているのは、やっぱりこのときに聴いたビートルズが、
ずっとアクセルを踏み続けているからだと思います。

もうずーっと踏んでる。ベタ踏みで。

『ビートルズ！』を皮切りに、その後もビートルズのレコードを集めていきました。
その当時、ビートルズ研究家の香月利一氏が書いた『ビートルズ事典』という黒くてデカイ本があって、
僕は古本屋さんで買いました。その本の中に、「なるべく効率よくビートルズの全楽曲を聴くためには、
どういう風に買いそろえていけばいいですか？」という質問と、それに対する「このような順番で買うのが
いいでしょう」というガイドが載っていて、それを参考にしながら『ビートルズNo.2！』や『ヘルプ！』
なんかを買い集めていきました。

ザ・ビートルズ／ビートルズ！

動いてる！ギター弾いてる！

僕にはふたつ年上の兄がいるのですが、兄は『アビイ・ロード』や
『サージェント・ペパーズ・ロンリー・ハーツ・クラブ・バンド』など後期のビートルズが好きで、
レコードを買っていました。僕がビートルズのレコードを集めていた頃は、帯はミドリ色の
いわゆる"FOREVER帯"というものでした。値段は2000円だったり、2200円だったり、バラバラでした。

中学校へ進むと、ビートルズ好きの仲間が4、5人ほどできて、夏休みにみんなでビートルズの映画を観に行きました。
映画館は確か新宿の武蔵野館で、上映されたのは『ビートルズがやって来るヤア！ヤア！ヤア！』、
『ヘルプ！4人はアイドル』、『レット・イット・ビー』の3本立てでした。

衝撃でした。**「動いてる！ ビートルズが動いてる！」**

映画館を出たときには、またしても僕は無言。
その頃は今と違って情報が少なくて、動く海外ミュージシャンを見ることなんて滅多にありません。
テレビ番組の『ぎんざNOW!』でちらっとPVが流れるくらいで、僕はそれでも大興奮でした。
だからなおさら、初めて観たビートルズの映画は衝撃的だったんです。
動いて歌ってるビートルズ、ギター弾いてるビートルズ、笑ってるビートルズ。夢みたいでした。

僕はこの3本を観て、漠然と『ビートルズがやって来るヤア！ヤア！ヤア！』は冬から春、
『ヘルプ！4人はアイドル』は夏、『レット・イット・ビー』は秋から冬の感じがして、
「すごいなあ、ビートルズは四季をも司るような人たちなんだなあ」なんて思ったりしました。
バカです。

動くビートルズに本当に足しました。

ザ・ビートルズ／ビートルズ '65

ザ・ビートルズ／ビートルズ No.5 !

ザ・ビートルズ／4人はアイドル

ザ・ビートルズ／ラバー・ソウル

ちなみに当時はビートルズのフィルム・コンサートなんかも催されていて、よく観に行っていました。
『ワシントンD.Cコンサート』とか『シェア・スタジアム・コンサート』とか、です。
映画とはまた違った動くビートルズに、やっぱり熱狂しました。

そういう映像を観ると、ギターのコードの押さえ方なんかでもいろいろと発見がありました。
「なるほど、『アイ・フィール・ファイン』のギターは小指の動きがポイントだな」なんてことがわかるので、
そういうことも楽しかったです。

こんなこともありました。ある日、NHKの教育テレビで「ビートルズの活動とその研究」とか何とかいう
タイトルの番組を新聞の番組表で見つけて、その時間にテレビの前に座ってワクワクしていたら「ビールス」に
関する番組が始まって、「あれ、おかしいなあ」と思って新聞をもう一度見直したら、ちゃんと「ビールスの〜」と
書いてあって……引っくり返りました。

1977年にビートルズのライブ盤『ザ・ビートルズ・スーパー・ライヴ！』が発売されるのですが、
僕はそれより以前にビートルズのライブ盤を持っていました。

海賊盤です。

海賊盤の存在を知ったきっかけも、『ビートルズ事典』でした。本の中で海賊盤についても
紹介していて、いくつか具体的に作品も掲載されていたんです。それを読んで、
「じゃあ、どこで買えるんだろう？」と思っていたら、兄が読んでいた音楽誌の広告に、
普通のレコード屋では売っていないような、知らないタイトルのレコードを扱っている
お店を見つけました。

ザ・ビートルズ／
Original Audition T
Circa 1962

それで中学1年生の終わりくらいの頃、その広告を頼りに実際に兄とふたりでお店に行きました。
西武新宿線の新宿駅から新宿通りをずっと歩いて心細くなってきた頃、ようやくお店に着きました。
ディスクロードというレコード屋です。

『TOKYO-SIXTY SIX』はビートルズの66年の日本公演の音源で、
『Live In Vancouver Canada』は64年のライブ音源です。『Original Audition Tape』は、タイトルとは
違ってBBCラジオでの演奏を集めたものでした。初めて聴く曲ばかりで、音も悪かったけど、興奮しました。
兄と初めてディスクロードに行ったときに買ったのは『TOKYO-SIXTY SIX』でした。

ビートルズのライブ盤といえば、62年のハンブルグはスタークラブでのライブを収めた
『デビュー！ ビートルズ・ライヴ'62』も77年に発売されました。こちらの発売日は5月10日でした。
この音源の存在も当時から有名で、『ビートルズ事典』にも載っていました。ブライアン・エプスタインが
マネージャーに就く以前にビートルズの世話をしていたアラン・ウィリアムズによる回想録
『ビートルズ派手にやれ！ 無名時代』という本の中でも触れられていました。
「ビンテージ物のビートルズ、誰か御入用の方はいませんか？」なんて書いてあって。

ザ・ビートルズ／
デビュー！ ビートルズ・ライヴ '62

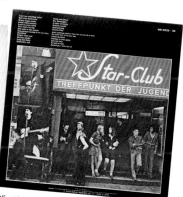

『デビュー！ ビートルズ・ライヴ'62』は、2枚組で4000円くらいで、
特典で横尾忠則氏の描いた巨大なビートルズのポスターが付いていました。
音質は悪かったけれど、僕はそれがカッコいいと思いました。
「スウィート・リトル・シックスティーン」とか「レミニシング」とか、シビレました。

僕はビートルズは素晴らしいロックンロール・バンドだと思っているので、このレコードはそんなビートルズが爆発していて最高でした。

ザ・ビートルズ／
Live In Vancouver Canada

ザ・ビートルズ／TOKYO-SIXTY SIX

ザ・ビートルズ／
-Abbey Road Revisited-
Those Were The Days

ザ・ビートルズ／デビュー！ ビートルズ・ライヴ '62
＜バックカバー＞

ビートルズの活動は70年までだから、僕がビートルズを聴いたのは解散後です。
73年に赤盤（ザ・ビートルズ1962年～1966年）、青盤（ザ・ビートルズ1967年～1970年）が発売されたり、
元メンバーのソロ活動も活発だったりしていて、その頃は再評価の機運が高まっていたような気がします。

ポール・マッカートニー＆ウイングスが75年にリリースした『ヴィーナス・アンド・マース』は、
新宿の輸入盤屋さんに買いに行きました。
ポスターとステッカーが2枚ずつ付いていてうれしかったのを覚えています。聴いてみると、その音圧に
驚かされました。普段聴いている日本盤のレコードとは、音の粒立ちや迫力が全然違ったんです。
多分、それが初めて買った輸入盤。アメリカ盤だったと思います。

その年の11月にポール・マッカートニー＆ウイングスが来日するというので、ラジオではポールや
ビートルズの特集をガンガンやってました。でも結局公演は中止になってしまって、そのおわびか何かで、
来日直前のオーストラリア公演の模様がテレビで放映されたのを覚えています。
ウイングスは80年にも来日公演をする予定だったけれど、ポールが空港で逮捕されて、ライブはまた中止に
なってしまいます。僕は4500円のS席のチケットを手に入れていて、ワクワクして待っていたのですが、
中止になってガッカリしました。当時としては、4500円はわりと高めだったと思います。

同じ80年の12月8日、僕はコカ・コーラの配達のバイト中でした。つけっぱなしのカーラジオから突然、
「元ビートルズのジョン・レノンさんがピストルで撃たれて病院に搬送されました」というニュースが流れまし
その時点ではまだ生死は不明で、亡くなったことを知ったのは次の日のことでした。コカ・コーラの空きビンが
夕陽に照らされて、キラキラ光っていたのをよく覚えています。

ちょうどこの頃は、僕の中で改めてビートルズを聴き直すことが流行っていました。きっかけは、ラトルズだったかもしれません。「『ひとりぼっちのあいつ』（原題：Nowhere Man）はジョンの三重唱なんじゃないか？」とか「『クライ・フォー・ア・シャドウ』のギターはジョージ・ハリスンじゃなくてトニー・シェリダンが弾いているんじゃないか？」とか「『涙の乗車券』（原題：Ticket to Ride）ってポールがリード・ギターって言われているけれど、だったら『アナザー・ガール』もポールがリード・ギターを弾いているんじゃないか？」とか。そんな聴き方をしていました。いろいろ推理するのが楽しいんです。そうやってちょっとマニアックな聴き方をしていくと、「サンキュー・ガール」のハーモニカの入り方の違いとか、「アイ・コール・ユア・ネーム」のイントロのギターとか、カウベルのタイミングの違いとかから、いわゆる別テイクがあるということにも気づきました。

1980年は、ポールの逮捕で始まってジョンの死で終わりました。なんて年だ！

ザ・ビートルズ／
ヘルプ、アイム・ダウン

ザ・ビートルズ／
シー・ラヴズ・ユー、アイル・ゲット・ユー

ジョン・レノン／
ロックン・ロール

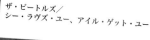

ザ・ビートルズ／
涙の乗車券、イエス・イット・イズ

ギター革命

「ビートルズみたいになりたい！」と興奮した僕は、

「ギターを手に入れるしかない！」と思いました。

ビートルズを弾きながら音楽やギターのことを

知っていくのは楽しかったし、エキサイティングでした。

初めてアンプにエレキ・ギターをつないで

コードを「ジャーン!!」と鳴らしたときは、

もうかなりビートルズに近づいた感じがして、興奮しました。

「ビートルズみたいなことがやりたい！」、
「ビートルズみたいになりたい！」と興奮した僕は、
「ギターを手に入れるしかない！」と思いました。
エレキ・ギターとアコースティック・ギターの違いもわかっていませんでしたが、
初めてビートルズを聴いてから2、3日後の休みの日に、
武蔵小金井駅の近くの楽器屋さんでモーリスというメーカーの1万円のフォーク・ギターを買いました。

何もわからない僕は、ギターと一緒に『ギターの初歩の初歩』という、森山良子さんが野原に座って
ギターを弾いている写真が表紙の教則本も買いました。「初心者に絶対」と書いてありました。

家に帰って、楽器屋さんがギターのオマケでくれた調子笛で6本の弦をチューニングして、
教則本の写真のとおりにギターを構えてみました。
今思うと、あれはクラシック・ギターの構えでしたが、僕はその構えのまま、
教則本の最初に載っていた「日の丸」の練習に突入しました。

まずは"ドレミファソラシド"を覚えて、次に楽譜を見ながらメロディを弾く。
「日の丸」の次は「荒城の月」に突入しました。そんなことを1週間ほどやっていたのですが、
だんだん「何か違うなぁ……」という感じがしてきたのです。
何か、ビートルズとはほど遠いというか……ギターを弾いてはいるけれど、
ビートルズからはどんどん遠ざかっているような気がしてきました。
「こんなことをやっていていいのだろうか？
ビートルズもこんなことをやっていたのだろうか？」と疑問が湧いてきました。

Morris Acoustic Guitar

そこで僕は、ビートルズを教えてくれたS君に、尋ねに行きました。

その頃S君は、もうエレキ・ギターを弾いていました。

僕はS君に「ビートルズもこんなことをしていたのかなあ？」と問うと、

S君は「いや、たぶんやってないと思うよ」と言いました。

僕が「ビートルズみたいになりたいんだけど……」と言うと、

S君は「だったらコードを覚えて、歌いながらギターを弾けるようにするといいよ」と言って、

『明星』という雑誌の付録だった歌本を貸してくれました。

歌本には、楽譜の上にコード・ネームとギターの弦と同じ6本の線が引いてあって、

さらに垂直にフレットが引いてあって、そこに黒い丸が打ってあります。

その黒い丸のとおりに指で弦を押さえれば、コードが弾けるのです。

それでCやAmやGなどのコードを覚えていきました。Emは、指を2本しか使わないから好きでした。

そうやってコードを覚えていったのですが、やがて黒い丸が5つも6つもあるようなコードが出てきました。

指は5本しかないのに、どうするのか？

しかも親指はネックを握るために裏にまわっているので、実質使える指は4本です。

僕はまた、S君に教えてもらいに行きました。

するとS君は、「それはね、人差指で6本の弦を全部押さえるんだよ」とお手本を見せてくれました。

Fのコードの形です。

そんなこんなで歌本に載っているアグネス・チャン、天地真理、南沙織、西城秀樹、野口五郎なんかの曲を弾きながら、いろんなコードを覚えていきました。

コードを弾きながら歌えるようになってくるにつれて、少しずつビートルズに近づいている感じがしました。

いよいよビートルズの曲を弾いてみようということで、『Beatles80』という楽譜集を買いました。
"キューピー80"ではないですよ。

この本には、80曲分の楽譜が載っていました。
だから『Beatles80』。知っている曲から練習していったのですが、この楽譜集、実はピアノ用だったんです。
しかもビートルズが演奏しているキーとは全然違う。
それで僕は、レコードを聴いて音をコピーして、楽譜のコードを書き換えて練習しました。

その頃は、僕と同じようにビートルズ好きでギターを弾いてる友達が4、5人いて、
誰かの家に集まってはガチャガチャやってました。
ビートルズの映画やフィルム・コンサートを観に行っては、ジョンやジョージの手元を食い入るように見て、
コードの押さえ方やソロを弾くときのポジションなんかを確認します。
Eの押さえ方、Gの押さえ方など、新鮮でした。
「ティル・ゼア・ウォズ・ユー」や「オール・マイ・ラヴィング」のソロを弾くときのジョージの指の動きとか。

ビートルズを弾きながら音楽やギターのことを知っていくのは 楽しかったし、エキサイティングでした。

それと当時はギターを持っている人がテレビに出ていると、とにかく釘付けになって観ていました。田端義夫さん、アイ・ジョージさん、クロード・チアリさん、玉川カルテット、灘康次とモダンカンカン……何でもです。ただ、僕の親父は普段からNHKしか観ないので、歌番組というとNHKの『ふるさとの歌まつり』しか観せてくれませんでした。GSとか長髪とかは毛嫌いしていましたね。それでも一度親父に頼み込んで、何かの歌番組で吉田拓郎さんとかまやつひろしさんが歌う「シンシア」を観せてもらいました。

中学2年生になる頃には、まわりのギター友達の中にもエレキ・ギターを手にする人が増えてきました。
僕もお年玉やおこづかい、お昼のパン代などを節約して貯めたお金で、ついにエレキ・ギターを手に入れました。

その日のことはよく覚えています。1975年、4月13日。
朝から曇っていて、午後からは雨が降ってきました。
ギター友達はキャロルの解散コンサートを観に
日比谷公園大音楽堂へ行ってしまいました。
僕は親父とふたりで秋葉原へ行きました。
なぜ秋葉原だったかというと、当時から電気製品は
秋葉原というのが常識だったし、
エレキ・ギターは電気製品だと思ったからです。

秋葉原の中でも品揃えが豊富なラオックスで、
グレコというメーカーのEG480というレス・ポール型のギターを買いました。
定価は4万8000円。だからEG480です。
このシリーズは定価と型番が対応していて、3万6000円のギターはEG360、
7万円のギターはEG700だったと思います。

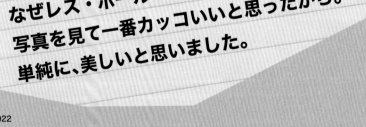

なぜレス・ポール・モデルだったかというと、
写真を見て一番カッコいいと思ったから。
単純に、美しいと思いました。

当時はフェンダーやギブソンなどは、"プロの人が使う楽器"という感じでした。
値段も高価で、中学生にはとても手の届くものではありません。
グレッチやリッケンバッカーのコピー・モデルがあったら多分そっちを買っていたと思いますが、
そのときは売っていませんでした。

試奏なんてとてもおそれおおくてできませんでしたが、モジモジしている僕を尻目に、
親父が店員のお兄さんに交渉して、ケース付きで4万円にしてもらいました。
親父は一貫して「そんなもん買ってどうすんだ？」という態度でした。
楽器屋を出ると、冷たい雨が降り始めていました。
ギター購入後、お金がまだ残っていたので、
石丸電気のレコード屋で『チャック・ベリー／エクセレント20』という、
20曲入りのLPレコードも買いました。
家に帰ると、新しく買ったエレキ・ギターを手に、チャック・ベリーをコピーしたのを覚えています。
今でもキャロルの解散コンサートの映像を観ると、思い出します。
冒頭で永ちゃんが言います。
「今日はちょっと雨が降ってて寒いけど、みんな最後までノレよな〜!!」。

チャック・ベリー／エクセレント20

あの日は、寒い日でした。
**キャロルが日比谷の野音で燃えつきていたとき、
僕は部屋でひとりでチャック・ベリーをコピーしていました。**

エレキ・ギターを手に入れたのはいいものの、アンプを買うことができたのはその年の12月頃です。
それまでは、アンプを持っている友達の家で弾かせてもらっていました。
初めて買ったアンプの型番は忘れてしまいましたが、
ELKというメーカーの、差し込み口が3つあるモデルだったことは覚えています。

初めてアンプにエレキ・ギターをつないでコードを「ジャーン!!」と
鳴らしたときは、もうかなりビートルズに近づいた感じがして、興奮しました。

Greco EG480

最高です。
「ロール・オーバー・ベートーヴェン」のイントロが弾けたときはうれしかった。
僕のアンプには"FUZZ"というスイッチが付いていて、それをONにすると小さい音でも歪んだ音が出ました。
そうして歪ませた音で「レボリューション」や「ヘルター・スケルター」なんかを弾いて、楽しかったです。

あと、その当時はグレコのエレキ・ギターを買うと『成毛滋のロックギターメソッド』という
カセットテープがオマケで付いてきて、それを聴きながら練習したりもしていました。

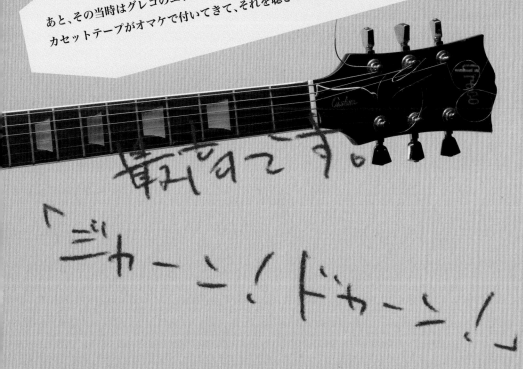

最高です。

「ジャーン！ドゥーン！」

ロックンロール・ア・ゴー・ゴー！

チャックはあの大きな目で僕の顔をのぞきこみながら、

「keep on Rockin' !!」と言いました。

僕は何も言えませんでした。

中学２年生のときに夢中でコピーした

ロックンロール・ギターの神様チャック・ベリー。

僕はずっとロックンロールしなきゃダメなんだ。

僕が中学生の頃、角川文庫からジュリアス・ファストが書いた『ビートルズ』、
草思社からハンター・デイヴィスが書いた『ビートルズ』という本が出ていました。
それらを読んでいると、ビートルズの連中が子供の頃に聴いていた音楽、
自分と同じくらいの年齢のときに聴いていた音楽の記述があって、
そこにはエルヴィス・プレスリー、チャック・ベリー、バディ・ホリー、
リトル・リチャード、エディ・コクランなんていう名前が並んでいました。
当然、聴きたくなりました。

初めてのエレキ・ギターと一緒に買った『チャック・ベリー／エクセレント20』には、
ビートルズがカバーしていた「ロール・オーバー・ベートーヴェン」も「ロックン・ロール・ミュージック」
も入っていました。帯には『特別限定盤』と書いてあります。初めてチャック・ベリーを聴いたときは、
正直ビートルズのほうがカッコいいな、と思いました。
ギターはなんか変な音だし、濁ってるし、ドラムとギターが違うリズム刻んでるし……
でも、それがおもしろいなあとも思いました。

エルヴィス・プレスリー／エルヴィスのゴールデン・レコード第1集

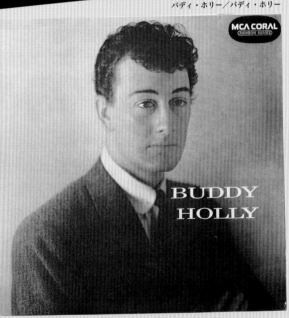

バディ・ホリー／バディ・ホリー

「メイベリン」、「ブラウン・アイド・ハンサム・マン」、「ジョニー・B.グッド」、「キャロル」、「スクール・デイズ」、「メンフィス・テネシー」、「バック・イン・ザ・U.S.A」など、

コピーしていくうちにドンドンとチャック・ベリーにハマっていきます。

キーも、BフラットとかEフラットとかで、中学生の僕には謎でした。
後にそれはジャズ・キー、ピアニストのジョニー・ジョンソンのキーだということがわかりましたが、
当時は不思議なキーだと思っていました。

リトル・リチャード／ヒアズ・リトル・リチャード

エディ・コクラン／不滅のエディー・コクラン

うん。ロックンロールなんです。

そんな風にチャック・ベリーのギターをコピーしていた日々から時が過ぎ、2003年8月9日、
福岡でザ・ハイロウズがチャック・ベリーの前座をやることになったのです。
その当日、自分たちの演奏後、僕たちはステージの脇からチャックのライブを観ました。

チャックの演奏が終わったあと、スタッフの方が
「チャックは楽屋でくつろいでいるから、今なら会えるかもしれませんよ」と教えてくれて、
チャックの楽屋にメンバーみんなで挨拶に行きました。「チャック・ベリーは気難しい人物だ」という評判を
いろいろと聞いたり読んだりしていたので少し緊張しましたが、
楽屋のソファに座っていたチャックはニコニコしていて、ゴキゲンでした。
僕は初めて買った『チャック・ベリー／エクセレント20』のレコード・ジャケットにサインしてもらいました。
それからチャックと握手をしました。

チャックはあの大きな目で
僕の顔をのぞきこみながら、
「keep on Rockin' !!」
と言いました。

僕は何も言えませんでした。

チャック・ベリー／エクセレント20

中学2年生のときに夢中でコピーしたロックンロール・ギターの神様
チャック・ベリー。
僕はずっとロックンロールしなきゃダメなんだ。

チャック・ベリーの初来日公演の思い出もあります。
1981年の春頃で、僕は渋谷公会堂に観に行きました。前座はクールスだったと思います。
チャックはスタイリッシュでカッコよかった。
ギター・プレイも素晴らしかったし、ダック・ウォークもキマってました。

ロックンロール・ギターの神様には後光が差していました。2階席からでしたが、必死にチャック・ベリーの指の動きを追いました。もちろん無言で、固まったままです。

この頃、僕は家を出てひとり暮らしを始めていて、レコードを買いに行く回数もぐっと減ってしまいました。
なぜなら、アパートの家賃、食費、電気代、水道代、銭湯代などを自分で払わなきゃならなくなったのです。
でも、ひとり暮らしをしていると、真夜中にふらっと散歩に出かけられるし、何か自由で楽しかった。
それまでは見られなかった風景が見れたし、明け方に小金井公園を散歩するのは最高でした。
ブルース・スプリングスティーンが「夜は魔法、夜は自由」と言っていたけど、
本当にそのとおりだなあなんて思いました。

ブルース・スプリングスティーン／明日なき暴走

日本コロムビアが『スペシャルティ・ロックンロール・シリーズ』と冠して、
リトル・リチャード、ラリー・ウィリアムス、ロイド・プライス、ドン＆デューイなど、
50年代のスペシャルティ音源をいろいろとLP化していました。

このシリーズで聴いた**リトル・リチャードには本当にビックリしたし、
ぶっ飛ばされました。すさまじい熱量に圧倒されました。
完全にメーターを振り切っている感じで、
実際に声は割れて歪んでいました。**

ロイド・プライスの醸し出すアメリカ南部の風味もゴキゲンでした。ホコリっぽい乾いた夏のイメージでした。
一方で、東芝EMIからは『オリジナル・ロックンロール・シリーズ』というのが出ていて、このシリーズからは
エディ・コクラン、ジーン・ヴィンセント、ファッツ・ドミノなどを買いました。エディ・コクランのギターに
シビれて、「ジニー・ジニー・ジニー」や「トゥエンティー・フライト・ロック」など、即コピーしました。

リトル・リチャード／リトル・リチャード

ラリー・ウィリアムス／ヒアズ・ラリー・ウィリアムス

V.A／ドゥー・ワップ

エディ・コクラン／
オン・エアー！

ジーン・
ヴィンセント／
ジーン・
ヴィンセント・
グレイテスト

カール・パーキンス／ Original Golden Hits

ジェリー・リー・ルイス／
The Original Jerry Lee Lewis

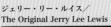

バディ・ホリー／
Portrait In Music
Vol.2

エディ・コクラン／ Cherished Memories

ジーン・ヴィンセント／
Gene Vincent Story Vol.1 1956/57

ジーン・ヴィンセント／
The Best of Gene Vincent Vol.2

50年代のロックンロールにのめり込んでいった時期によく通っていたレコード屋さんが、新宿レコードです。
この店には、そういう50年代のロックンロールの輸入盤がたくさんありました。
バディ・ホリー、カール・パーキンス、ジェリー・リー・ルイスなど、
国内盤が手に入りにくい人たちのレコードも手に入りました。

輸入盤のレコードの匂いも好きでした。

アメリカ盤とイギリス盤とヨーロッパ盤は、匂いがそれぞれ違っているんです。
そういうレコードや音楽を通して、未知のニューヨークやメンフィス、ニューオーリンズ、テキサス、
それからロンドンやリバプールへの憧れを募らせていました。

ファッツ・ドミノ／ロッキン・フィフティーズ！

バディ・ホリーのポップに弾けている感じや、カール・パーキンスや
ジェリー・リー・ルイスのカントリー風味も大好きでした。
ビートルズ経由で知った50年代の
アメリカのロックンロールに僕は夢中でした。
そして、50年代のロックンロールといえば、エルヴィス・プレスリーです。
「ビートルズよりエルヴィスのほうが絶対にカッコいい！」と言い張っている
友達がいて、ある日曜日に家を訪ねてレコードを聴かせてもらいました。
彼がかけたレコードは「ハウンド・ドッグ」です。シビレました。
後年ビデオで観た、『ミルトン・バール・ショー』でこの曲を歌うエルヴィスの
姿を捉えたシーンは、ロックンロールの永遠不滅の名場面だと思います。
そんなエルヴィスが亡くなった77年の8月16日は、1日中エルヴィスのレコードを
聴いていました。ムシ暑い部屋の中、ひとりで聴き続けました。
翌日レコード屋に行くとエルヴィスの棚は空っぽでした。バスに乗って4軒くらい回ったけれど、
どのレコード屋さんもエルヴィスの棚はすべて空っぽだったんです。
死因はドーナツの食べ過ぎ、なんて記事も出てました。

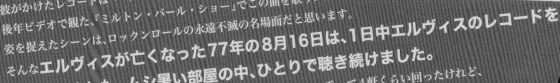

エルヴィス・プレスリー／
エルヴィス・プレスリーの歴史 Vol.1

エルヴィス・プレスリー／プレスリー・サン・コレクション

エルヴィスのギター・プレイもなかなかのものです。
サン・レコード時代の録音を聴くと、ビル・ブラックのベースとともに見事なリズム隊を形成していて、
それも興味深い。ジョン・レノンやボブ・ディランにも通じる、ドライブするリズム・ギターです。
歌はもちろん最高です。

そういえば、当時は毎日テレビで映画が放送されていて、
特に土曜日の午後や日曜日の午前中には音楽モノが多かったのです。
エルヴィスの『さまよう青春』、『G.I.ブルース』、『ブルー・ハワイ』なんかは、そういう放送で観ました。
ビートルズの『ヘルプ！4人はアイドル』も観た記憶があります。みんな歌うとき以外は流暢な日本語を
しゃべっていました。もちろん吹き替えです。あの頃は、とにかくテレビでたくさん映画を観たものです。

プレスリー・サン・コレクション

RCA

RVP-6006 MONO
（ヴォーカル）

RVP-6006(M)
(JPL1-8310)

プレスリー・サン・コレクション

●●● 完全録音データ
●●● 未発表写真入り
12頁解説書付

¥2,500
発売元：RVC株式会社

そういった50年代のロックンロールと同時に、ビートルズと同時代に出てきたロックンロール・バンドにも
興味が湧いてきて、ジェリー＆ザ・ペースメイカーズ、サーチャーズ、スウィンギング・ブルー・ジーンズなどの
マージービートやローリング・ストーンズ、アニマルズ、キンクス、ザ・フーなども聴き始めます。
こうしたバンドのレコードも、新宿レコードに行けば手に入りました。

V.A ／ Mersey Beat '62-'64 [The Sound Of Liverpool]

ジェリー＆ザ・ペースメイカーズ／
リメンバー・ザ・リバプール・サウンド No.8

スウィンギング・ブルー・ジーンズ／
リメンバー・ザ・リバプール・サウンド No.10

V.A ／ Roots of British Rock

ザ・サーチャーズ／ "Sweets For My Sweet"
- The Searchers At The Star-Club Hamburg (Live Recording)

V.A ／ The Beat Merchants
- British Beat Groups 1963-1964

ザ・キンクス／キンクス・ベスト・コレクション

ザ・フー／キッズ・アー・オールライト

ザ・フー／ザ・ベスト・オブ・ザ・フー

店員さんにシュリンクされた
ジーン・ヴィンセントのレコードを持っていって、
「このLPって楽曲は入ってるんですか？」
なんて聞いて失笑されたこともありました。
表ジャケットにはもちろん、裏ジャケットにも
一切曲目が書かれていなかったので、
不安になったのです。
結局買って帰って家でシュリンクを破ったら、
見開き式のダブル・ジャケットになっていて、
無事に楽曲は収録されていたし、
見開きの部分に曲目も書かれていて安心しました。

夏のリズム・ギター

50's のロックンロール・ギターとしては、

スコッティ・ムーア、クリフ・ギャラップ、ジョニー・ミークスなんかは、

コピーするのが超絶的にむずかしかったです。

大体ギターはフレーズを口ずさめれば弾けるのですが、

口ずさむことすらできないプレイ。

でもその音色、フレージング、タイミングなどは完璧なんです。

何回もレコードを聴いて、音を拾いました。

中学1年生の頃はひたすらビートルズのコピーばっかりやっていたのですが、2年生、3年生になってくると、
50年代のロックンロール・ギターのコピーをやり始めました。
ギター友達と集まっては、ガチャガチャやっていたんです。

その頃はハードロックも全盛で、エレキ・ギターを弾いていた友達の中には
レッド・ツェッペリンやディープ・パープル、キッス、エアロスミスなどに向かっていく人もいたけれど、
僕はジミー・ペイジやリッチー・ブラックモアよりも、
チャック・ベリーやエディ・コクランのギターのほうが好きでした。

かと言って、当時の流行のロックをまったく聴いていなかったわけでもなく、
FMラジオのエアチェックをしたり、兄が買ってきたレコードを聴いたりしてました。
兄とふたりで一部屋を共有していたので、兄がかけるレコードも自然に耳に入ってきました。
兄がよく聴いていた『マクドナルド・アンド・ジャイルズ』、
『クリムゾン・キングの宮殿』（原題：In The Court Of The Crimson King)、
『炎〜あなたがここにいてほしい』（原題：Wish You Were Here)なんていう
プログレッシブ・ロックも好きでした。映画『トミー』も兄と一緒に観に行きました。
強烈でしたね。なんだか少し怖かったです。

エアチェックのことをいうと、当時FM局はFM東京とNHK-FMのふたつしかありません。
『FMファン』とか『FMレコパル』などの情報誌を買って番組表をじっくりと見て、
テープに録りたい放送をマーカーで印を付けていました。
NHK-FMはLPを丸ごとかけたりしていたので、うれしかったです。
よく聴いていたのは『ダイアトーン・ポップス・ベスト10』、『コーセー歌謡ベスト10』、
『レコパル音の仲間たち』といった番組でした。
お目当ての番組を聴くために、学校から走って帰ったことも何度もありました。

この頃、ボブ・ディランも『血の轍』（原題：Blood on the Tracks）や
『地下室』（原題：The Basement Tapes）、『欲望』（原題：Desire）なんかを立て続けにリリースして
盛り上がってました。そういうアルバムをエアチェックしたり、フォーク好きの友達に
『フリー・ホイーリン』のLPを借りたりしていました。このアルバムはどうしてもLPで持っていたくなって、後日
レコード屋さんに買いに行きました。親父がもう寝てしまった夜に、テレビで『ローリング・サンダー・レヴュー』の
ライブ映像を観たこともありました。エレキ・ギターを弾きながら「シェルター・フロム・ザ・ストーム」や
「マギーズ・ファーム」を歌うボブ・ディランにシビレました。
シビレたといえば、ブルース・スプリングスティーンの「明日なき暴走」（原題：Born to Run）もそう。
何か50'sのロックンロールに似たテイストを感じましたね。
でも、ボブ・ディランもブルース・スプリングスティーンも、レコードを買うのは高校生になってからでした。

ボブ・ディラン／傑作

ボブ・ディラン／フリーホイーリン

動くボブ・ディランにシビレました。

ブルース・スプリングスティーン／
暗闇へ突走れ、ファクトリー

ブルース・スプリングスティーン／明日なき暴走

ブルース・スプリングスティーン／
闇に吠える街

ブルース・スプリングスティーン／
バッド・ランド、ストリーツ・オブ・ファイアー

50'sのロックンロール・ギターとしては、
スコッティ・ムーア、クリフ・ギャラップ、ジョニー・ミークスなんかは、
コピーするのが超絶的にむずかしかったです。
大体ギターはフレーズを口ずさめれば弾けるのですが、
口ずさむことすらできないプレイ。
でもその音色、フレージング、タイミングなどは完璧なんです。
何回もレコードを聴いて、音を拾いました。

エヴァリー・ブラザーズ／
バイ・バイ・ラブ

輸入盤には歌詞カードが付いてないから、歌おうとしても歌詞がわかりません。

そんなある日、渋谷の道玄坂にあったヤマハ楽器の楽譜コーナーで、洋書のバディ・ホリーや

ジーン・ヴィンセント、エヴァリー・ブラザーズの楽譜集を発見しました。

あれはうれしかったです。値段も安かったし。

A SCORE OF BUDDY HOLLY（左）
GENE VINCENT ALL（中）
EDDIE COCHRAN SOUVENIR ALBUM（右）

エヴァリー・ブラザーズは、初めて聴いたときに「ビートルズそっくりだなあ」なんて思いましたが、
実際はビートルズのほうがエヴァリー・ブラザーズからハーモニーを学んだんですね。
ビートルズが1964年にアメリカに上陸したとき、「4エヴァリーズ」（4人組のエヴァリー・ブラザーズ）と
呼ぶ音楽業界人もいたという話です。「バイ・バイ・ラブ」や「ディヴォーテッド・トゥ・ユー」、
「オール・アイ・ハブ・トゥ・ドゥ・イズ・ドリーム」などをハモって歌うのは楽しかったです。

カール・パーキンスのイナたい感じも大好きでした。
ビル・ヘイリーやカール・パーキンスの写真を初めて見たときは、「おじさんじゃん！」なんて思いましたけど。
**カール・パーキンスの滋味あふれる乾いたトーンとフレーズを聴きながら、
メンフィスのほこりっぽい静かな夏を想ったものでした。**
「レンド・ミー・ユア・コーム」のキーがEでG→A→Bと駆け上がるフックは、
ギターで弾きながら「これって『プリーズ・プリーズ・ミー』だなあ」なんて思っていました。

76年から77年にかけてオールディーズやツイストのブームがあって、
50〜60年代のロックンロールやポップスの国内盤LPが、大量にリリースされた記憶があります。

カール・パーキンス／Original Golden Hits

STEREO

SUN-111

carl perkins
ORIGINAL GOLDEN HITS

BLUE SUEDE SHOES ■ BOPPIN' THE BLUES ■ LEND ME YOUR COMB
ONLY YOU ■ TENNESSEE ■ HONEY DON'T ■ MATCHBOX ■ DIXIE FRIED
RIGHT STRING BUT THE WRONG YO YO ■ EVERYBODY'S TRYING TO BE MY BABY
YOUR TRUE LOVE

ミート・ザ・ローリング・ストーンズ！

『ザ・ローリング・ストーンズ Vol.3』を聴いてみると、

"野蛮な音のかたまり"という感じで、圧倒されました。

ビートルズと同時期にこんな音を鳴らしているとは、

ただ者じゃないと思いました。

ビートルズが僕に50年代のアメリカのロックンロールを

教えてくれたように、ローリング・ストーンズは

ブルース・ミュージックの世界を教えてくれました。

ビートルズの本や音楽関連の本などを読んでいると、必ずといっていいほど
「ビートルズ VS ローリング・ストーンズ」とか「ビートルズのライバル、ローリング・ストーンズ」
なんて書いてありました。

中学2年生の夏休みに、兄が輸入盤の『メタモーフォシス』を買ってきました。
兄はその夏休み中ずっと、朝起きると必ず『メタモーフォシス』をかけていたから、
今でも「アウト・オブ・タイム」を聴くと中学2年生の夏休みの朝を思い出します。
このアルバムはデッカ時代の未発表曲集なのですが、
けっこうメロディアスでいい曲がいっぱい入っていて、大好きでした。
「イフ・ユー・レット・ミー」なんか爽やかで、夏の朝にはピッタリでした。

この1975年、ローリング・ストーンズは3年振りの全米ツアーをやっていたし、
ギタリストもミック・テイラーからロン・ウッドに変わったこともあって、盛り上がっている時期。
ラジオで聴いた「サティスファクション」や「ジャンピン・ジャック・フラッシュ」にシビレました。

ローリング・ストーンズ／
ビッグ・ヒッツ

ローリング・ストーンズ／
ギャザーズ・ノー・モス

ローリング・ストーンズ／ファースト

ローリング・ストーンズ／
アウト・オブ・アワー・ヘッズ

ローリング・ストーンズ／
サティスファクション、一人ぼっちの世界

ローリング・ストーンズ／12×5

049

THE ROLLING STONES
ローリング・ストーンズ・VOL. 3

GP-1053　LONDON　¥ 2,500

LON
TIME
PRHG
GP 1

定盤!!

初版のみ　特製ポスターつき

VOL.3 ローリング・ストーンズ

チャック・ベリーから故ハウリン・ウルフまで、R&Bそしてあの「ハート・オブ・ストーン」が今も涙を／ブルーズ狂ストーンズの素顔がここにも。

● エヴリバディ・ニーズ・サムバディ・トゥ・ラヴ
● ダウン・ホーム・ガール
● ユー・キャント・キャッチ・ミー
● ハート・オブ・ストーン
● ホワット・ア・シェイム
● アイ・ニード・ユー・ベイビー
● ダウン・ザ・ロード・ア・ピース
● オフ・ザ・フック
● ペイン・イン・マイ・ハート
● おおベイビー
● リトル・レッド・ルースター
● サープライズ・サープライズ

エッセイ● 赤塚行雄（評論家）
監修● 宮原安春

ロンドンレコード
発売元・キングレコード株式会社

...LING STONES, NOW

初めて自分で買ったローリング・ストーンズのレコードは、『ザ・ローリング・ストーンズ Vol.3』です。
キングレコードがデッカ時代のローリング・ストーンズを、『定盤!!』と銘打って一挙に発売した中の1枚でした。
なぜ、数あるアルバムの中でこのアルバムを選んだかというと、ジャケットのカッコよさでした。
特に右上にレイアウトされたキース・リチャードとブライアン・ジョーンズのツーショットにやられたのです。
ちなみに、『定番!!』シリーズの初回盤はポスター付きだったのだけれど、僕が買い集めていった初期のLPに
付いていたのは全部同じデザインのポスターだったから、同じものがいっぱいたまりました。

『ザ・ローリング・ストーンズ Vol.3』を聴いてみると、
"野蛮な音のかたまり"という感じで、圧倒されました。
またしても「なんだ、こりゃあ！」です。「愛しのモナ」（原題：Mona [I Need You Baby]）なんて、
アフリカの原住民の何か不思議な儀式のときに演奏される曲のような印象でした。
ビートルズと同時期にこんな音を鳴らしているとは、ただ者じゃないと思いました。
マージー・ビートとは全然違う、野性味あふれる音に衝撃を受けました。

でも、家でこのレコードを聴いていると、兄は「地味なレコードだな」と言いました。
僕は「『ダウン・ザ・ロード・アピース』を聴いてみてよ、このノリを聴いてみてよ。カッコいいでしょ？」
なんて兄にアピールしたことを覚えています。

60年代のローリング・ストーンズは、ビートルズやボブ・ディランとの関係性なども興味深かったです。

ローリング・ストーンズ／Vol.3

兄が買ってきた『ラヴ・ユー・ライヴ』も最高でした。僕にとってはこのライブ盤と、
キースのソロのシングル「ハーダー・ゼイ・カム／ラン・ルドルフ・ラン」のキースのギターの音が
"THE キース・リチャーズ"なんです。
　このシングルを出した頃、"キース・リチャード"は"キース・リチャーズ"という表記になったと思います。

この頃、NHKの『ヤング・ミュージック・ショー』で、ローリング・ストーンズのパリのライブを観て、
60年代のローリング・ストーンズもカッコいいけど、
70年代のローリング・ストーンズもメチャクチャカッコいいなあと
思った記憶があります。
キース・リチャードの手元をずっと見ていました。

そんなある日、音楽雑誌に載っていたキース・リチャードの写真を眺めていると、
ギターに弦が5本しか張られていないことに気づきました。
ライブ中に弦が切れたのかとも思いましたが、6弦はそうそう切れないだろう、と思っていました。
後日、雑誌のインタビューでキース本人が「オープンGチューニングのときには6弦がジャマだから」と
答えていたのを読んで、「なんて自由なんだろう」と感動しました。

ロックンロールは何でもアリなのです。

ビートルズが僕に50年代のアメリカのロックンロールを教えてくれたように、
ローリング・ストーンズはブルース・ミュージックの世界を教えてくれました。
僕は、初期ローリング・ストーンズの不思議で野蛮な音のルーツに興味を持ったのです。

STEREO ESR-20560

KEITH RICHARDS

ハーダー・ゼイ・カム

ザ・ローリング・ストーンズの屈強のリード・ギタリスト、キ
ース・リチャーズの記念すべきファースト・ソロ・シングル
ついに登場。レゲエの名作（A面）とロックン・ロールの
スタンダード(B面)にカッコよくチャレンジしたキース
のドライブがたまらない!!

キース・リチャーズ

●B面 ラン・ルドルフ・ラン
RUN RUDOLPH RUN

¥600

THE HARDER THEY COME

レコード屋さんでブルースのコーナーを見るのだけど、何を買っていいのかわかりません。
それで僕は、ジャケットを見てエルモア・ジェイムスとジョン・リー・フッカーのレコードを買いました。
エルモア・ジェイムスは『ダスト・マイ・ブルース』、
ジョン・リー・フッカーは『ブギー・チレン』というタイトルのLPでした。

エルモア・ジェイムスのジャケットは、バーのカウンターらしきところに妖艶な女性が腰かけてこちらを
振り向いている写真だったので、「エルモア・ジェイムスって女性なんだ。マブイなあ」なんて思っていました。
でも聴いてみると、**カミソリのようなギターの音と、ヤケクソのような**
シャウトするボーカルが飛び出してくる。ゾクゾクしましたね。
やりたい放題な感じが最高でした。
リトル・リチャードにも通じるシャウト唱法と、暴力そのものといった様子のエレキ・ギター。
自由な空気が部屋を満たしました。
数日後、僕は早速、ガラス製のスライド・バーを買ってきて、
オープンEとかオープンGのチューニングを試してみました。
まったくの自己流でしたが、それも楽しかったです。

ジョン・リー・フッカーもすさまじかったです。
夕闇が迫る中、聴こえてきた「サリー・メイ〜、サリー・メイ〜」……。
奇妙な音のギターと低いうなり声に、僕は若干の恐怖をおぼえました。
その頃の僕が知っていたブギといえば、ダウン・タウン・ブギウギ・バンドの「スモーキン・ブギ」や
「カッコマン・ブギ」だけど、ジョン・リー・フッカーの「ブギー・チレン」や「ハウス・レント・ブギ」は全然違う。
独特なフット・ストンプも、最初は何の音かわからず恐怖感をあおるだけでした。
しかし聴き続けていくうちに、僕はそのフット・ストンプと一緒にリズムを刻んでいました。
その後はマディ・ウォーターズやジミー・リードなどのレコードも聴くようになっていくのですが、
ジョン・リー・フッカーはひときわ独特で飛び抜けていました。
どこか別の惑星からやって来たような不思議な音楽でした。

エルモア・ジェイムス／ダスト・マイ・ブルース

ジョン・リー・フッカー／ブギー・チレン

ジミー・リード／
Jimmy Reed's Greatest Hits
Vol.2

マディ・ウォーターズ／マディ・ウォーターズ

ザ・ブルーハーツを結成した頃は、ずっとブルースばっかり聴いてました。

エレクトリックなバンド・ブルースから古いカントリー・ブルースまで。

下北沢のフラッシュ・ディスク・ランチで中古盤をよく買ってました。

トミー・ジョンソン、ブラインド・ウィリー・マクテル、チャーリー・パットン、

ブラインド・レモン・ジェファーソン、ファリー・ルイス、ライトニン・ホプキンス、

ハウリン・ウルフ、バディ・ガイ、リトル・ウォルター、サニー・ボーイ・ウィリアムソンⅡ……

ブルースは4、5年くらいの周期で集中的に聴きたくなるときがやって来ます。

発作です。そのときは1ヵ月くらい、朝から晩までブルースを聴きます。

ザ・コースターズ／コースターズ

ザ・ドリフターズ／
ゴールデン・ヒッツ

サム・クック／ゴールド・デラックス

レイ・チャールズ／レイ・チャールズ

Diamond LP Type（ブルーハーツ時代に購入した白いLP）

オーティス・レディング／
オーティス・レディングの軌跡

オーティス・レディング／
ヨーロッパのオーティス・レディング

ブルースと同時に、ソウル・ミュージックにも興味が湧いてきました。
60年代のいろいろなブリティッシュ・ビート・グループがカバーしていた
モータウンやスタックスのアーティストたち。50年代のロックンロールの流れでサム・クックなどを聴いてはいましたが、オーティス・レディング、
ジェームス・ブラウン、ソロモン・バーク、あるいはモータウン・サウンドといった
60年代のブラック・ミュージックは、友達からレコードを借りたり、ラジオをエアチェックしたりして
聴きました。聴きたいレコードが山ほどあったんです。そんな中で、1982、83年頃、日本のP-VINEが、
チェス・レーベルの作品を本格的にリリースし始めました。これは実に素晴らしい企画で、感動しました。

両国の『フォークロア・センター』というところにもときどき出かけました。
お店というかイベント・スペースというか、そういう場所です。
ビルの階段を上がっていくと2階にある部屋で、確か靴を脱いで入場したような気がします。

ウディ・ガスリー／
ダスト・ボール・バラッズ

その場所で、アレン・キンズバーグやグレゴリー・コーソなどが出演して、
ジャック・ケルアックがナレーションを担当した『Pull My Daisy』という
ビート・ジェネレーションのフィルムや、ウディ・ガスリーやサンハウスのフィルムを、
体育座りしながら観たこともありました。宇宙船のような空間で、
未知の世界へ乗り出していく冒険旅行の趣がありました。
三多摩地区の高校生にはとても刺激的でした。

"PULL MY
DAiSY"

コンテスト＆オリジナル

中学2年生の終わり頃、

初めてバンド・コンテストというものに出場しました。

普段から集まってはガチャガチャやっていた友達を誘って、

即席のバンドを結成しました。

バンド名は『ジョニー＆スリー・クール・キャッツ』にしました。

僕らはみんなで練習をした、カール・パーキンスの

「ブルー・スウェード・シューズ」とジェリー・リー・ルイスの

「ホール・ロッタ・シェイキン・ゴーイング・オン」を披露しました。

ステージを終えると、ふたりくらいの人が拍手してくれました。

それでも、僕らは最高の気分でした。

中学２年生の終わり頃、初めてバンド・コンテストというものに出場しました。

池袋の西武百貨店が「アマチュア・バンド出場者募集」という新聞広告を出していたのです。

「先着30バンド」ということで、早速電話をしてみると、「では、よろしくお願いします」と言われて、

出場できることになりました。

それで、普段から集まってはガチャガチャやっていた友達を誘って、**即席のバンドを結成しました。**

友達のひとりがちょうどベース・ギターを買ったところではあったのですが、ドラマーがいません。

それで、よくつるんで遊んでいた友達に「ドラムやってくれない？」ってお願いして、

やってもらえることになりました。当然その友達は**ドラム・セット**なんか持っていないから、

シンバルはナベのフタ、スネアはマンガ雑誌。バスドラはなしです。

タタミにあぐらをかいて車座になって練習しました。

そしてコンテストの当日は、4人でヘラヘラしながら池袋西武百貨店へ電車で行きました。

バンド名は『ジョニー＆スリー・クール・キャッツ』にしました。「ジョニー＆スリー・クール・キャッツの皆さん！」と呼ばれて「はーい！」と返事をしました。

本番前の点呼のときに「ジョニー＆スリー・クール・キャッツの皆さん！」と呼ばれて「はーい！」と返事をしました。

すると主催者の人から、「君たちは4人なのに、なんでスリー・クール・キャッツなの？」と聞かれました。

僕たちは「いえ。ジョニー＆スリー・クール・キャッツですから、まずジョニーがいて、

そのほかにスリー・クール・キャッツがいるんです」と答えました。

主催者の人は「あっ、そうか。なるほど。で、ジョニーは誰なの？」とさらに聞いてきます。

僕たちは何となく、"音の響き"でバンド名を決めたので、

誰がジョニーなのかはどうでもいいことでした。

SONY TC-2100 Magazine Matic P&D

そんなこんなで、結局誰もジョニーの役をやりたがらず、お互いに指差しながら「この人がジョニーです」、「いや、この人がジョニーです」なんて言い合いました。主催者の人もほかのバンドの人たちも、失笑していました。「なんでこんな奴らが出場するんだろう」、「何が悲しくてこんな奴らと同じステージで演奏しなきゃいけないんだ」みたいな空気が、控え室内に充満していました。

ステージは百貨店の売り場の隅の広場に無理やり設置してありました。
買い物に来たお客さんが誰でも観られるようになっていて、演奏をじっと観ている人もいれば、通りすがりに眺めていく人もいました。けれど、バンド・コンテストを目的に来ている人はいないようでした。

コンテストには、ハードロック・バンドやビートルズのコピー・バンドもいたし、オリジナル曲をやっているバンドもいました。その中でも、ビートルズのコピー・バンドが印象深いものでした。ベースの人もポールと同じ左利きで、「ゲット・バック」、「ドント・レット・ミー・ダウン」、「バースデイ」の3曲を演奏。僕らは「ウワーッ！　カッコいいなあ！」なんて言いながら観てました。そして、いよいよ僕らの出番です。僕らはみんなで練習をした、カール・パーキンスの「ブルー・スウェード・シューズ」とジェリー・リー・ルイスの「ホール・ロッタ・シェイキン・ゴーイング・オン」を披露しました。

ステージを終えると、ふたりくらいの人が拍手してくれました。
それでも、僕らは最高の気分でした。

ジェリー・リー・ルイス／
The Original Jerry Lee Lewis

カール・パーキンス／
Original Golden Hits

この頃、僕はオリジナル曲を作るようになります。
初めて作った曲は、確か「Call On Me」という歌でした。
歌詞は簡単な英語で、スリー・コードのバディ・ホリーっぽい曲。
それをカセットテープに録音しました。それ以降もポツポツと作っては、カセットテープに録音しました。
僕が住んでいた団地の部屋は街道沿いだったので、走り過ぎるクルマの音やクラクションの音なんかも一緒に録れました。夏にはセミの鳴き声が歌にバックを付けてくれたし、いいタイミングでカラスが鳴いたりしてました。

パンク・ロック大爆発！

ビートルズを初めて聴いたときと同じ声が、

セックス・ピストルズから、

パンク・ロックから聴こえてきました。

セックス・ピストルズも笑っていました。

「なんで君も笑わないの？　なんで君もやらないの？　次は君の番だぜ」と

セックス・ピストルズは僕に語りかけたのです。

それは僕にとって、ロックンロールの神様の言葉でした。

その言葉を僕は今まで何度も聞いてきたのですが、

これほどリアルに響いたのは初めてでした。

1977年の夏の終わりに、僕はパンク・ロックに出会いました。
春頃に読んだ音楽雑誌だったか情報誌だったかに、「今、ロンドンではパンク・ロックが大流行！
主なバンドはエディ＆ザ・ホットロッズ、セクシー・ピストルズ、ダムネッド、クラッシュなどです」なんて
書いてあって、『ぎんざNOW!』というテレビ番組に出演したザ・ランナウェイズなんかも観てました。
ランナウェイズは確か「チェリー・ボム」を歌ったと思うのですが、僕はあまりピンとこなかったです。

その夏休み、僕は芝刈りのアルバイトでお金を貯めていました。
服や靴や時計などに一切興味のなかった僕は、貯まったお金は全部レコードに使いました。
そのときは10万円近いお金が貯まったので、ものすごくいっぱいレコードが買える。
それで新宿レコードにくり出して、「わはははは〜」って笑いながら
ロックンロールのレコードを買いまくったのです。

レコードをたくさん抱えてレジに行くと、カウンターのすぐ脇に「これが噂のセックス・ピストルズ!!」とか
何とか書いてあるポップとシングル盤が積んでありました。僕は「そうか、以前雑誌に書いてあった
"セクシー・ピストルズ"とは、このセックス・ピストルズのことなんだな」と理解しました。
そして、そのジャケットの異様さに魅せられて、思わずそのシングル盤を
買って帰りました。やたらとムシ暑い午後でした。

家に帰った僕は、まずはそのシングル盤から聴いてみることにしました。
タイトルは、「ゴッド・セイヴ・ザ・クイーン」です。

「何だ、こりゃあ！」

セックス・ピストルズ／ゴッド・セイヴ・ザ・クイーン、ディド・ユー・ノー・ロング

ぶっ飛びました。初めてビートルズを聴いたときと同じように、
僕は無言のままで固まってしまいました。
そのシングル盤のオモテとウラを何度もくり返して聴きました。
一緒に買ってきたエディ・コクランやバディ・ホリーのジャケットの顔も、引きつっているようでした。

50年代や60年代のロックンロールを、僕はリアルタイムで聴くことができませんでした。
もちろんカッコいいロックンロールは、いつどこで聴いても心を吹っ飛ばすことができるのですが、
リアルタイムの空気感で聴くのはやっぱり全然違うと思うのです。
知識や分別がついてから聴くのではなく、
**ティーンエイジャーの時期に、ろくに情報もない中で、その時代に鳴っている
ロックンロールを聴くってことは、とても重要なことのように思います。**
50年代にエルヴィスやリトル・リチャードを、60年代にビートルズやローリング・ストーンズを
リアルタイムで聴いた人は素晴らしい体験をしたと思います。
しかし**今この瞬間、77年にリアルタイムで鳴り響くすごいロックンロールに
僕は出会えた。**僕がリアルタイムで興奮して熱狂できる、すごいロックンロールがついに登場したのです。

言葉は少し悪いのですが、ビートルズやローリング・ストーンズが
一瞬少しダサく感じられるような一大事件でした。
何か「やったあー！」なんて思う感じもありました。
それは別に、誰かに対して思うわけでも、
何かに対して思うわけでもありませんが、
なぜかそんな感じがありました。

セックス・ピストルズ／プリティ・ヴェイカント、ノー・ファン

ビートルズを初めて聴いたときと同じ声が、セックス・ピストルズから、
パンク・ロックから聴こえてきました。
セックス・ピストルズも笑っていました。
「なんで君も笑わないの？　なんで君もやらないの？　次は君の番だぜ」と
セックス・ピストルズは僕に語りかけたのです。
それは僕にとって、ロックンロールの神様の言葉でした。
その言葉を僕は今まで何度も聞いてきたのですが、
これほどリアルに響いたのは初めてでした。

セックス・ピストルズのレコードを爆音で聴きながら、僕は自分の髪を初めて自分でジャキジャキ切りました。
ひどい髪型になりましたが、短髪を好む親父には大絶賛されました。

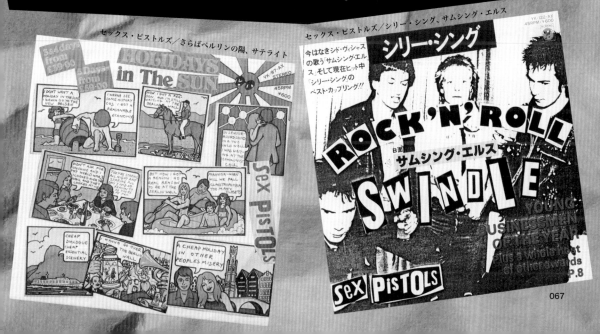

セックス・ピストルズ／さらばベルリンの陽、サテライト

セックス・ピストルズ／シリー・シング、サムシング・エルス

当時、パンク・ロックは完全にキワモノ・ゲテモノ扱いで、まともな人間が聴くものではないと思われていました。下着姿で歌うランナウェイズのパフォーマンスや、"セックス・ピストルズ"というバンド名などが相乗効果を生んで、「性を売り物にした下世話なキワモノ・ロック」というのが一般的な認識だったような気がします。「来年には誰も覚えてない、一過性のものだ」という論調が多く、音楽評論家の人たちも困惑しているようでした。

"セックス"などという言葉は、今よりもずっと禁句だったのです。ただでさえ教師に反抗的だった僕は、"セックス・ピストルズ"なんて言葉を教室で発して、それを教師に知られたら退学、下手したら警察に通報されて逮捕されるのではないかと思っていました。なので学校では「ピストルズ」と言っていました。学校でもパンク・ロックを聴いていたのは、僕ともうひとり、後にアレルギーやDe-laxを結成する宙也君くらいだったと思います。

パンク・ロックこそが僕らの世代の最高のロックンロールなのに、どうして誰も聴かないのか不思議でした。

ロックにあまり興味がない人たちは、はなっから無視だったし、ロック好きの間でも「これはないだろ？」なんてあからさまに見下されていました。同性愛者だということを公言していたトム・ロビンソン・バンドなんて完全に変態バンドだと思われていたし、ザ・ストラングラーズは見た目だけで変態だと決めつけられていました。

パンク・ロックに夢中になっていた僕も、当然の如く変態扱いをされていました。

だから、『勝手にしやがれ!!』(原題：Never Mind the Bollocks, Here's the Sex Pistols)のLPを兄が買ってきてくれたときは、うれしかったです。兄が聴いているときには一緒に聴いたし、兄が外出しているときもひとりで聴きまくりました。しかしセックス・ピストルズは78年に入ると、すぐに解散してしまいます。「ほら、言ったとおりだろう？　パンクなんてもう終わりだよ」と学校で言われました。

後年、セックス・ピストルズは96年に再結成し、来日しました。

そのとき、ザ・ハイロウズが前座をやらせてもらったんです。

終演後にバックステージでちょっとした打ち上げが行なわれ、グレン・マトロック、スティーヴ・ジョーンズ、

ポール・クックの3人が顔を見せました。グレン・マトロックは知り合いが多いようで、忙しそうにしていました。

スティーヴ・ジョーンズとポール・クックはビールを片手にずっと周りにガンを飛ばしていました。

ロンドンのチンピラの感じに圧倒されました。ジョニー・ロットンは、スタッフの方によると

「俺は東京に知り合いなんていない」と言って楽屋から出てきませんでした。

セックス・ピストルズ／ゴッド・セイヴ・ザ・ピストルズ、マイ・ウェイ

25AP 537

白い暴動／ザ・クラッシュ

THE CLASH
THE CLASH

英国メロディ・メイカー誌、ニュー・ミュージカル・エクスプレス誌、サウンド誌、レコード・ミラー誌、すべての表紙を独占！

遂にオーヴァーグラウンドになったザ・ロックの旗手たち、パンク・ロックの旗手たち、ザ・クラッシュ。ジョー・ストラマーが観客を煽る。カッコイイ!!

要するに、ロックンロールなのである。一切の思いいれが削り取られた骨組みだけのヘヴィ・メタリックなロックンロールが、うなりを上げて疾走している。彼らは火も吐かない。血も吐かない。ただ、毒を吐く。

ロンドンは燃えている！遂に姿を現わしたバイオレス・パンクの王者、ザ・クラッシュ。ロンドン・スラムの怒れる若者たちがひたすらアナーキーに、ロックンロール、ロックンロール、ロックンロール……ギ、ギ、ギャオーッ！

解説：大貫憲章

大貫憲章

- ■ ジェニー・ジョーンズ
- ■ リモート・コントロール
- ■ 反アメリカ
- ■ 白い暴動
- ■ 憎悪・戦争
- ■ ワッツ・マイ・ネイム
- ■ 否定
- ■ ロンドンは燃えている
- ■ 出世のチャンス
- ■ ペテン
- ■ 反逆ブルー
- ■ ポリスとコン泥
- ■ 48時間
- ■ ガレージランド

STEREO
¥2,500
Epic
株式会社 CBS・ソニー
1871-1977

セックス・ピストルズでパンク・ロックの衝撃を受けた僕が、最初に自分で買ったパンク・ロックのLPは、
ザ・クラッシュの『白い暴動』(原題：The Clash)でした。ジャケットもカッコよかったし、帯の
「ロンドンは燃えている！　遂に姿を現わしたバイオレンス・パンクの王者、ザ・クラッシュ。
ロンドン・スラムの怒れる若者たちがひたすらアナーキーにロックンロール、ロックンロール、ロックンロール……」、
「彼らは火を吐かない、血も吐かない、ただ毒を吐く」なんて文句にもドキドキしました。
タイトルもよかった。『白人暴動』じゃなくて、『白い暴動』。もちろん音も楽曲もメチャメチャカッコよかったです。
シンプルなロックンロールが一番カッコいいことを証明していました。ロックンロールは、野蛮で純粋で美しくて、
自由な感じがします。77年、クラッシュはそれを体現していました。クラッシュは僕にとって、
ビートルズ、ローリング・ストーンズと並ぶイギリスの3大ロックンロール・バンドのひとつなのです。

　クラッシュは、「ポリスとコソ泥」(原題：Police and Thieves ／ジュニア・マーヴィン)、「アイ・フォート・ザ・
ロウ」(ザ・クリケッツ)、「新型キャデラック」(原題：Brand New Cadillac ／ヴィンス・テイラー)、
「ハルマゲドン・タイム」(ウィリー・ウィリアムス)など、カバー曲も録音しています。
そういうところなんかも、古いブルースやロックンロール、さらに当時流行していたモータウンやスタックスを
ほぼリアルタイムでカバーしていたビートルズやローリング・ストーンズに連なる正統的な
ブリティッシュ・ロックンロール・バンドらしさがあったと思います。

　2枚目の『動乱(獣を野に放て)』(原題：Give 'Em Enough Rope)も、コンピレーション盤……というか
アメリカにおけるイギリスの1stアルバムの編集盤『パールハーバー'79』も、『ロンドン・コーリング』も、
どれも国内盤の発売日にレコード屋さんに買いに行きました。ワクワクしました。
77年の『白い暴動』から82年の『コンバット・ロック』までの5年間、15才から
20才まで、クラッシュと一緒に過ごせたのは本当に幸運でした。

ザ・クラッシュ／コンバット・ロック

ザ・クラッシュ／白い暴動

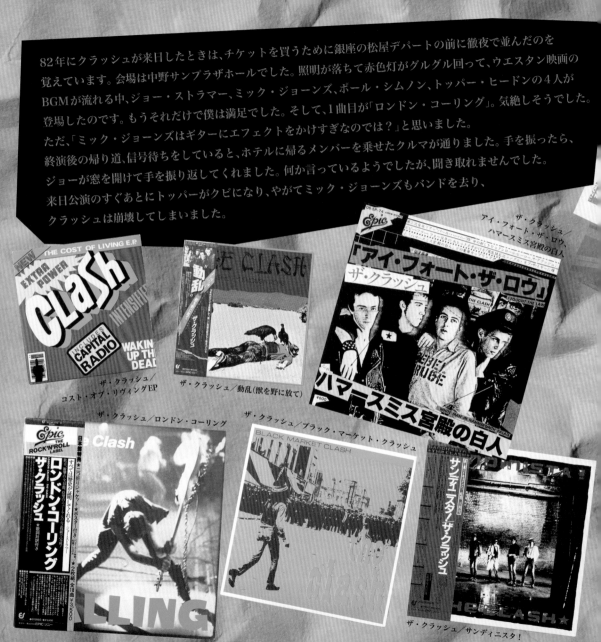

82年にクラッシュが来日したときは、チケットを買うために銀座の松屋デパートの前に徹夜で並んだのを覚えています。会場は中野サンプラザホールでした。照明が落ちて赤色灯がグルグル回って、ウエスタン映画のBGMが流れる中、ジョー・ストラマー、ミック・ジョーンズ、ポール・シムノン、トッパー・ヒードンの4人が登場したのです。もうそれだけで僕は満足でした。そして、1曲目が「ロンドン・コーリング」。気絶しそうでした。ただ、「ミック・ジョーンズはギターにエフェクトをかけすぎなのでは？」と思いました。終演後の帰り道、信号待ちをしていると、ホテルに帰るメンバーを乗せたクルマが通りました。手を振ったら、ジョーが窓を開けて手を振り返してくれました。何か言っているようでしたが、聞き取れませんでした。来日公演のすぐあとにトッパーがクビになり、やがてミック・ジョーンズもバンドを去り、クラッシュは崩壊してしまいました。

ザ・クラッシュ／
コスト・オブ・リヴィング EP

ザ・クラッシュ／動乱（獣を野に放て）

ザ・クラッシュ／
ハマースミス宮殿の白人

アイ・フォート・ザ・ロウ、

「アイ・フォート・ザ・ロウ」

ザ・クラッシュ

ハマースミス宮殿の白人

ザ・クラッシュ／ロンドン・コーリング

ザ・クラッシュ／ブラック・マーケット・クラッシュ

ザ・クラッシュ／サンディニスタ！

クラッシュのギターをコピーしていると、いくつか謎のコードにブチ当たります。

ストレートな、メジャーでもマイナーでもない和音。

ベースの音やメロディの流れから「これだろう」と推測して弾いてみると、何か違う。

ミック・ジョーンズはシンプルなロックンロール・ギタリストのフリをして、
あんまりストレートなフレーズを弾かないカッコいいギタリストです。

MR.ジョー・ストラマー

僕は、いかに多くのことをクラッシュから学んだかとか、

何度クラッシュに救われたことかなどをジョーに伝えました。

するとジョーは両手を広げて、ハグをしてくれました。

あの笑顔で。

JOE
STRUMMER

ザ・クラッシュのデビュー・アルバム『白い暴動』を初めて聴いてから20年経った1997年。
僕はザ・ハイロウズで1回目の『フジ・ロック・フェスティバル』に出演しました。
自分たちの出番が終わったあとに、関係者が集まるタマリでビールを飲んでいたら、
ジョー・ストラマーらしき人物が目に入りました。

その日、ジョー・ストラマーはDJとして来ていた
のだけれど、僕はそんなことをまったく知らなかった
ので、自分の目を疑いました。
どう見てもジョー・ストラマーに見えるんです。
その人はひとりでテラスからぼんやりと外を
眺めていました。

ジョー

僕は思い切って近づいていって
声をかけました。
するとやはり、
その人はジョー・ストラマーでした。

僕は、いかに多くのことをクラッシュから学んだかとか、
何度クラッシュに救われたことかなどをジョーに伝えました。
「クラッシュがいたから、僕は僕自身の10代の荒野を
駆け抜けることができたんです。だからあなたに100万回の
ありがとうを言いたいのです。全然足りないのですが」と。

ジョーは「俺はそんなに大した男じゃないよ。
でも君がそんな風に言ってくれることがすごくうれしいよ」
と応えてくれたあと、おもむろにバーっと両手を広げて、
「カモン！」と言ってハグをしてくれました。
あの笑顔で。

ジョーと話をしたのはそれが最初で最後でした。

キック・アウト・オブ・ザ・ジャム！

『イン・ザ・シティ』を聴いた第一印象は、「速い!!」でした。

それに、「芸術学校」（原題：Art School)、

「住所変更」（原題：I've Changed My Address)など、

クラッシュとはまた違ったスタイリッシュさがありました。

70年代に誰よりもカッコよくリッケンバッカーのギターを弾いたのは、

ポール・ウェラーだと思います。

イン・ザ・シティ/ジャム
MPF 1095　ロック　STEREO
¥2,500

The JAM

IN THE CITY

★70年代後半を背負って立つイギリス・ロック界の新星ザ・ジャム、ついに日本に上陸。既製グループ（ダムド、ストラングラーズ、クラッシュ、ピストル）を超越し、ここにニュー・ウエイブの真髄を披露するジャムのデビュー・アルバム登場！

ジャム

イン・ザ・シティ

全12曲

芸術学校
住所変更
スロー・ダウン
時に追われて
気ままに
バットマンのテーマ
イン・ザ・シティ
都会の音楽
ノン・ストップ・ダンシング
今度こそ本当
テイキング・マイ・ラヴ
煉瓦とモルタル

世界初の音の革命
SALZA
SYSTEM
SOUND REVOLUTION

1877
1977

Polydor　ポリドールレコード
発売元／ホリトール株式会社

ロンドン・パンクの5大バンドと言われているセックス・ピストルズ、ザ・クラッシュ、ザ・ジャム、ダムド、ザ・ストラングラーズ。その中から少しジャムの話をしてみます。僕がクラッシュの『白い暴動』の次に買ったパンクのアルバムは、ジャムの『イン・ザ・シティ』でした。

雑誌の広告で見た、「ニューウェイブはギリギリの線で勝負をかける男のロック」というコピーにシビれました。

やっぱりこういう宣伝コピーや、帯に書いてある煽り文句は最高です。

このアルバムが発売された1977年は、エジソンがレコードを発明してから100周年だそうで、この年に発売されたレコードの帯には記念のマークが入っているんです。レコード好きにとってはそれも大事なところです。

ちなみにジャムといえばネオ・モッズですが、77年の東京には、まだネオ・モッズ族はいなかったと思います。

ザ・ジャム／
イン・ザ・シティ、テイキン・マイ・ラヴ

ザ・ジャム／
オール・アラウンド・ザ・ワールド、
カーナビィ・ストリート

ザ・ジャム／ザ・モダン・ワールド、
スウィート・ソウル・ミュージック、
バック・イン・マイ・アームズ・アゲイン、煉瓦とモルタル

ザ・ジャム／ザ・モダン・ワールド

ザ・ジャム／オール・モッド・コンズ

ザ・ジャム／
デイヴィッド・ワッツ、バクダンさわぎ

ザ・ジャム／イン・ザ・シティ

081

『イン・ザ・シティ』を聴いた第一印象は、「速い!!」でした。それに、「芸術学校」(原題：Art School)、「住所変更」(原題：I've Changed My Address)など、クラッシュとはまた違ったスタイリッシュさがありました。ポール・ウェラーはリッケンバッカーのギターを使っていたところも興味深く、リッケンバッカーというと、ビートルズ、ザ・フーのピート・タウンゼント、ザ・バーズのロジャー・マッギンなどいろいろな人が思い浮かびますが、

70年代に誰よりもカッコよくリッケンバッカーのギターを弾いたのは、ポール・ウェラーだと思います。

『ザ・モダンワールド』、『オール・モッド・コンズ』、『セッティング・サンズ』などのアルバムの国内盤が出ると発売日にレコード屋さんに走りました。日本ポリドールはとてもグレートで、ジャムのシングル盤もキチンと発売してくれていました。2ndシングルの「オール・アラウンド・ザ・ワールド／カーナビー・ストリート」はアルバム未収録でしたし、『ザ・モダンワールド』のシングルのB面には100クラブでのライブが収められていました。

ザ・ジャム／恋はヒートウェイヴ、サタデーズ・キッズ

ザ・ジャム／
ゴーイング・アンダーグラウンド、
ドリームズ・オブ・チルドレン

ザ・ジャム／サウンド・アフェクツ

ザ・ジャム／
イートン・ライフルズ、
シー・ソー

ザ・ジャム／セッティング・サンズ

ザ・ジャム／
ニューズ・オブ・ザ・ワールド、
アンティ・アンド・アンクル、イノセント・マ

80年、ジャムは初来日公演を行ないました。僕はこのチケットを買うために、代々木のヴァン・プラニングという事務所の前に徹夜で並びました。会場は日本青年館で、最前列で観ることができました。見上げるとすぐ目の前にポール・ウェラーがいて、横を見ればブルース・フォクストン、うしろにはリック・バックラー。お客さんはみんな席を乗り越えて、ステージ前でギュウギュウです。
一緒に行った友達が、「マックショウ！　マックショウ！　ザ・ジャム！」と叫びました。

ポール・ウェラーはニヤッと笑って「OK!」と言うと、すかさず「ヒート・ウェイヴ」のイントロをブチかましました。

ちょうどその頃キングレコードが「これぞ奇跡！」というシリーズで、
デッカ・レーベルのゼム、スモール・フェイセスといったバンドの作品や、
コンピレーション盤の『レディ・ステディ・ゴー』、『ライブ・アット・ザ・キャバーン』なんかを
発売していて、それはザ・フーやキンクスなどのブリティッシュ・ビート・グループを
掘り下げるきっかけにもなりました。

ゼム／ファースト

スモール・フェイセス／ファースト

V.A ／ライヴ・アット・ザ・キャヴァーン

V.A ／レディ・ステディ・ゴー

パンク・ロック・ジャングル

僕が好きなロックンロール、パンク・ロックは、

バカな風でバカじゃなくて、不真面目な風でどこか真面目で、

どこか間違っているようで、なんか一理ある、みたいな感じなんです。

ギャグやユーモアという観点を見失うと、

ロックンロールの本質も見失うことになりかねません。

パンク・ロックは、僕の心の中のギアを一気にトップにブチ込んで、

突き抜けるくらいアクセルを踏みつけて、

メーターを振り切ってしまいました。

PUNK ROCK JUNGLE

全英ロック・シーンを震撼させた"悪"〈ワル〉の権化、ダムド遂に日本上陸！
強烈な個性で話題騒然のうちに放ったデビュー・シングル！（スティッフ・レコード第1弾）

ILR-2027
STEREO

嵐のロックン・ロール
Neat Neat Neat

ダムド

〈歌と演奏〉
Stab Yor Back ☆スタッブ・ユア・バック

¥600

パンク・ロックのレコードは、シングル盤もよく買いました。
まだアルバムが出てないバンドもいたし、収録曲がアルバム・バージョンとは別テイクだったり、
B面にアルバム未収録曲が入っていることが多かったからです。

武蔵小金井のレコード店でダムドの「嵐のロックンロール」（原題：Neat Neat Neat）のシングルを
見つけたときは、うれしかったです。実情はよくわからないけど、ダムドはスティッフ・レーベルの国内での
配給権が宙ぶらりんになっていて、東芝EMIから発売されていたレコードは廃盤になっていました。
たぶん、このシングル盤も売れずに残っていたのでしょう。
ジャケットには「全英ロック・シーンを震撼させた"悪"＜ワル＞の権化、ダムド遂に日本上陸！
強烈な個性で話題騒然のうちに放ったデビュー・シングル！」なんて書いてあって、それも最高でした。
B面は「スタッブ・ユア・バック」。
ダムドのデビューLP『地獄に堕ちた野郎ども』（原題：Damned Damned Damned）は、
79年にビクターがスティッフ・レーベルの国内配給権を取ったことで、やっと再発売されました。

ダムド／地獄に堕ちた野郎ども

PUNK ROCK JUNGLE

ダムド／嵐のロックン・ロール、スタッブ・ユア・バック

ジェネレーションXの「狂暴のロックンロール」（原題：Your Generation）や「暴走世代」（原題：Wild Youth）も
カッコよかったです。ジェネレーションXのデビュー・アルバムは1978年の5月頃に国内盤が出たのですが、
この2曲はアルバムには入っていませんでした。
79年の6月、僕はジェネレーションXの初来日公演を東横劇場で観ています。
最前列の席で、トニー・ジェイムスの目の前。前座で子供ばんどが演奏していました。

いよいよジェネレーションXのメンバーがステージに登場すると、
ビリー・アイドルが「レディ・ステディ・ゴー！」とこぶしを上げて調子よく叫んだのだけれど、
運悪く機材トラブルでギターの音が出なくて、会場全体がちょっと気まずい雰囲気になってしまい、
みんな挙げた手をスーッと降ろしていました。
ビリー・アイドルが自嘲的に、そしてふざけた感じのアカペラで「レディ〜・ステディ〜・ゴ〜」と
歌い始めると、僕の隣にいたお姉さんが、「日本をバカにするな！」なんて腹を立てていたのを覚えています。

ジェネレーションX／ジェネレーションX

ジェネレーションX／
レディ・ステディ・ゴー、キス・ミー・デッドリー

ジェネレーションX／
狂暴のロックン・ロール、デイ・バイ・デイ

ジェネレーションX／
キング・ロッカー、ギミ・サム・トゥルース

ジェネレーションX／
暴走世代、ワイルド・ダブ

TANAKA
MANAGEMENT
INC.
PRESENTS

GENERATION X
'79.6.25 (月) PM6:30
東横劇場
S
¥2,500
03-355-5178

ブームタウン・ラッツの「ルッキン・アフター No.1」も大好きでした。

このシングルは、なぜかほかのシングルよりも音圧があって迫力満点なんです。

イーターとかバズコックスは、ライブのコンピレーション盤『鮮血のロンドン・パンク／ライヴ!!』

（原題：The Roxy London WC2）で知りました。このアルバムの帯には

「吠えろ　さけべ　わめけ　ぶっ飛ばせ　凄まじくも時代を揺れ動かすばかりのこのハイ・エナジー。

オトナのロック、安らかロックなんてハッタオセ！　今、ロンドンの夜空で燃えている『新しい波』。

パンク・ロックの生々しい迫力がこの1枚にギュー詰めなのだ」なんて書いてあり、

スローター＆ドッグスやワイアーなどの演奏も収録されています。

イーターのシングル盤としては、「アウトサイド・ヴュー」と「パンクでぶっ飛ばせ」（原題：Lock It Up）

を買いました。「アウトサイド・ヴュー」のシングル盤の解説には、バンドのファッション・アドバイザーの

スミヤン・ブレインの写真も載っていて、少し笑いました。マンガ『がきデカ』に出てくる亀吉君のような

ポーズをとっている写真でした。

ブームタウン・ラッツ／
ラット・トラップ、ライク・クロック・ワーク

ブームタウン・ラッツ／
ルッキン・アフター No.1、ボーン・トゥ・バーン

ブームタウン・ラッツ／
4年生のマリー、ドゥー・ザ・ラッツ

V.A／鮮血のロンドン・パンク／ライヴ!!

イーター／
パンクでぶっ飛ばせ、ジープスター

イーター／
アウト・サイド・ヴュー、ユー

イーター／
Thinkin' of The U.S.A、
Space Dreaming, Michael's Monitary System

089

パンク・ロックの枠にはくくれないかもしれないけれど、パンクの精神を
持ちながら、ポップで優れた楽曲を作るエルヴィス・コステロも大好きでした。
新宿の輸入盤屋さんで買った『マイ・エイム・イズ・トゥルー』からは、ビートルズに通じるものを感じました。
アメリカの人気番組『サタデー・ナイト・ライブ』に出演したときに、リハーサルとは違う曲を本番で
突然演奏して物議を醸したなんてエピソードも、なんか痛快でした。

こんな風に、**僕が好きなロックンロール、パンク・ロックは、**
バカな風でバカじゃなくて、不真面目な風でどこか真面目で、
どこか間違っているようで、なんか一理ある、みたいな感じなんです。
落語に通じるものがありますね。愉快痛快です。
ロックンロールは、眉間にしわを寄せて聴くものではなくて、笑うものです。
ギャグやユーモアという観点を見失うと、
ロックンロールの本質も見失うことになりかねません。

エルヴィス・コステロ&ジ・アトラクションズ／
オリヴァーズ・アーミー、
マイ・ファニー・ヴァレンタイン

エルヴィス・コステロ／Armed Forces

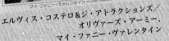

エルヴィス・コステロ／
アクシデント、
トーキング・イン・ザ・ダーク、ウェンズデイ・ウィーク

エルヴィス・コステロ&ジ・アトラクションズ／
ニュー・アムステルダム、
ドクター・ルーザーズ・アシスタント、ゴースト・トレイン、
想い出のかけら

パンク・ロックは、ビートルズが入れた僕の心の中のギアを
一気にトップ・ギアにブチ込んで、突き抜けるくらいアクセルを踏みつけて、
メーターを振り切ってしまいました。

パブリック・イメージ・リミテッド／
パブリック・イメージ、カウボーイ・ソング

ジョニー・ロットンのパフォーマンスを初めて観たのは、
83年にパブリック・イメージ・リミテッドとして
来日したときで、僕は中野サンプラザホール公演に行きました。
ジョニーはヒラヒラと妙な踊りをしながら歌っていて、
バンドは全員タキシードを着て演奏していました。

アンコールで「アナーキー・イン・ザ・U.K.」が始まると
会場は大盛り上がりで、ジョニーにツバを吐きかける
パンクの人もいて、ジョニーもそれに応酬してツバを
吐き返したりしていました。警備員がそのパンクの人を
つかまえて会場の外に出そうとすると、ジョニーは
警備員に「いいよ、いいよ、ほっといてやれよ」と笑顔で
言っていました。ジョニーも楽しそうだったし、
僕も楽しかったです。

PUNK ROCK JUNGLE

84年のスタイル・カウンシルのライブも印象深いものでした。調子の悪いアンプを蹴り飛ばしている
ポール・ウェラーを見て、ジャム時代から変わらぬパンク魂を感じました。

STEREO EMS-81

ロック

EMS-81062 ¥2,500

パワー・イン・ザ・ダークネス
トム・ロビンソン・バンド

まーしくんへ
がんばってね
Tom x
25.8.96

パワー・イン・ザ・ダークネス

トム・ロビンソン・バンド

［歌＋演奏］

［プロデュース］クリス・トーマス

［エンジニア］ビル・プライス

［解説］森脇 美貴夫

［対訳］山本 安見

歴史的話題ナンバーをズラリ並べて1978年7月堂々デビュー。

「パワー・イン・ザ・ダークネス」「ウインター・オブ・'79」そして「凶暴のロンドン・タウン」等

噂以上にもの凄いパワーと強烈なヴァイブレーションを持ってTRB超一級のデビュー・アルバム！

SIDE 1
2—4—6—8—モーターウェイ
凶暴のロンドン・タウン
グレイ・コルチナ
明日の夢
もう我慢できない！
ロング・ホット・サマー
（エイント・ゴナ・テイク・イット）

SIDE 2
ウインター・オブ・'79
権力の罠
お前自身の道
生存
パワー・イン・ザ・ダークネス

STEREO
EMS-81062

トム・ロビンソン・バンド東京公演

1/17
中野サンプラザホール
S 1階 1列 15番

トム・ロビンソン・バンド／
ライジング・フリーT・R・B

トム・ロビンソン・バンド／
2・4・6・8モーターウェイ、
アイ・シャール・ビー・リリースト

トム・ロビンソン・バンド／
凶暴のロンドン・タウン、
オールライト・ジャック

PUNK ROCK JUNGLE

ちなみに、**僕が初めて観た外国のバンドのライブは、
トム・ロビンソン・バンドの中野サンプラザホール公演です。**
79年の1月のことでした。入り口では、半券と引き換えにトム・ロビンソン・バンドのバッジをくれました。
席はなんと最前列、ダニー・カストゥの目の前でした。
この日は、前座でスカイドッグ・ブルース・バンドが出て、素晴らしい演奏をしていました。
そしてしばしの休憩のあとに、トム・ロビンソン・バンドの登場。圧倒されました。
トム・ロビンソンは学生服を着て、日本語で「ワタシハ、ヘンタイデス！」と叫びました。
僕は最前列で棒立ちでした。

すごい12・グンバールでした。

トム・ロビンソン・バンド／パワー・イン・ザ・ダークネス

その翌月には、後にアレルギーやDe-luxを結成する宙也君とふたりで、後楽園ホールにザ・ストラングラーズの初来日公演を観に行きました。ベーシストのジャン・ジャック・バーネルは客席から現われて、僕のすぐ横の通路を通ってステージに上がりました。お客さんは大興奮です。ジャン・ジャック・バーネルは演奏中に何度も客席に降りてきて、ステージと客席を仕切る鉄柵に蹴りを入れました。ヒュー・コーンウェルとジャン・ジャック・バーネルはステージからしきりにアジテーションをしているようでしたが、早口の英語だったので、何を言っているのかは僕にはわかりませんでした。ただ、後楽園ホール全体が騒然としていて、不穏な空気に包まれていました。

ザ・ストラングラーズは、雷鳴と稲妻を伴い荒れ狂う夜空に咆哮する、得体の知れない一頭の獣のようでした。

ストラングラーズ／レイヴン

ストラングラーズ／ブラック・アンド・ホワイト

ストラングラーズ／
サムシング・ベター・チェンジ、ストレイトン・アウト

死と夜と血（三島由紀夫に捧ぐ）、アウトサイド・トーキョー
ストラングラーズ／

ストラングラーズ／ノー・モア・ヒーローズ

武士道や空手や三島由紀夫などに憧れていたジャン・ジャック・バーネルは、79年の東京の現実に
苛立っていたのかもしれません。いずれにしても、バンドの演奏はタイトだったし、
ヒュー・コーンウェルのギター・プレイは素晴らしかったです。

PUNK ROCK JUNGLE

999／エマージェンシー 999登場

ショック!!
ロンドン・パワー・ポップのニュー・リーダー世紀のデビュー!

エマージェンシー
EMERGENCY

AS8502
999

B/W
MY STREET STINKS

CM-141

999／エマージェンシー、
マイ・ストリート・スティンクス

マートン・パーカス／
ブライトンのテーマ、
ブライトンのテーマ(ダブ・ヴァージョン)

ブライトンのテーマ

マートン・パーカス

THE CORTINAS

FASCIST DICTATOR   TELEVISION FAMILIES

ザ・コーティナス／
Fascist Dictator、Television Families

THE ADVERTS
GARY GILMORE'S EYES
BORED TEENAGERS

ジ・アドヴァーツ／
Gary Gilmore's Eyes、Bored Teenagers

LONDON

NO TIME・SIOUXSIE SUE
SUMMER OF LOVE
FRIDAY ON MY MIND

ターニング・ジャパニーズへ
ヒア・カムズ・ザ・ジャッジ(ライヴ)
ウェイパーズ THE VAPORS

ヴェイパーズ／
ターニング・ジャパニーズ、
ヒア・カムズ・ザ・ジャッジ(ライ

ロンドン／
No Time、Siouxsie Sue、
Summer Of Love、Friday On My Mind

THE POLICE *Roxanne*
ボリス ロクサーヌ
A&M AMP-1039 STEREO 45

SIDE 2
キャント・スタンド・ルージング・ユー
CAN'T STAND LOSING YOU

ザ・ポリス／
ロクサーヌ、キャント・スタンド・ルージング・ユー

バズコックス／アナザー・ミュージック
BUZZCOCKS
バズコックス
アナザー・ミュージック
GP583 ￥2,500

ANOTHER MUSIC IN A DIFFERENT KITCHEN

恋するふたり、エンドレス・グレイ・リボン
ニック・ロウ
NICK LOWE
恋するふたり
歌・演奏 ニック・ロウ
STEREO
P-485F
45rpm
エンドレス・グレイ・リボン
¥800

ザ・ドローンズ／
Bone Idol, Just Want To Be Myself

JUST WANT TO BE MYSELF
I JUST WANNA BE MYSELF
THE DRONES

英国直輸入
特別限定盤
歌詞解説つき
ティーンエイジ・キックス
ジ・アンダートーンズ

若き魂の反逆児を求めて
dexys midnight runners
デキシーズ・ミッドナイト・ランナーズ／
若き魂の反逆児を求めて

MODELS
FREEZE
MAN OF THE YEAR

モデルズ／
Freeze, Man Of The Year

ジ・アンダートーンズ／
ティーンエイジ・キックス

英国直輸入
特別限定盤
歌詞解説つき
ティーンエイジ・キックス
ジ・アンダートーンズ

THE UNDERTONES

ロンドンとか
ニューヨークとか
ジャマイカ

ボブ・マーリー、ジミー・クリフ、トゥーツ＆ザ・メイタルズ、

ヘプトーンズ、グレゴリー・アイザックス。

いずれも、トロピカルで明るく陽気な曲調なのに、

歌詞はけっこう重い感じです。

パンク・ロックにも通じる「ちょっと言わせてもらうけど」感があり、

パンクの人たちがレゲエが好きだったのも、

また、ボブ・マーリーが「パンキー・レゲエ・パーティー」という

歌を発表することも理解できました。

イッツ・アライブ ラモーンズ
RJ-7586 STEREO〈ロック〉

RAMONES
It's Alive

イッツ・アライブ／ラモーンズ

ノン・ストップ・ロックン・ロールがラモーンズの真髄だ！そして、その威力を100％発揮したロンドンでのライブは彼らのヒット曲が機関銃のように連発されるパワー満点の快作！

● SIDE-A
・ロックアウェイ・ビーチ　・ティーンエイジ・ロボトミー　・蝶撃・ブリッツ・クリーグ・バップ　・アイ・ドント・ケア　・シーナ・イズ・パンク・ロッカー　・ハバナ・アフェア　・コマンド　・53rd＆3rd・あの娘はダブ　・ハイ・リスク天国

● SIDE-B
・苦痛の叫び　・カリフォルニア・サン　・ピンヘッド　・ドゥ・ユー・ウナ・ダンス　・チェイン・ソー　・オー・オー・アイ・ラブ・ハー　・ナウ・アイ・ワナ・スニッフ・サム・グルー　・ベビー・アイ・ラヴ・ユー　・ハピー・ファミリー・ジェニーは・パンク

¥2,500

SIRE
フィリップス・レコート・クルーブの
サイアーレコード
発売元 日本フォノグラム株式会社

パンク発祥の地はニューヨークだと言われていますが、情報量は圧倒的にロンドン・パンクのほうが多かったです。マルコム・マクラーレンは、本当はリチャード・ヘルをロンドンに連れていってセックス・ピストルズのボーカリストにするつもりだった、などという記事を読んだ記憶があります。

ニューヨーク・パンクは、ニューヨークという都市の局地的なムーブメントという色合いが強かったけれど、ロンドン・パンクは全英を制圧していました。セックス・ピストルズの「ゴッド・セイヴ・ザ・クイーン」は、全英No.1だったのです。

それに、"モノトーン"と"カラフル"という、印象の違いもありました。
モノトーンな雰囲気のニューヨーク・パンクと比べて、
**ロンドン・パンクはサウンドもファッションも派手で、
カラフルで、ポップでした。反抗的で反体制的なメッセージも
わかりやすく、共感しやすかったように思います。**

ラモーンズ／
ロッカウェイ・ビーチ

ズドーンと突き抜けていくような

ラモーンズの『イッツ・アライブ』は強烈でした。
1枚に20曲も入っているライブ盤で、痛快でしたね。
言葉が悪いですけど、
**"突き抜けたバカっぽさ"
にシビレました。**

ラモーンズ／イッツ・アライブ

ほかにも、パティ・スミスとブルース・スプリングスティーンの
共作曲「ビコーズ・ザ・ナイト」を収録した、パティ・スミス・グループの『イースター』も大好きでした。
「ティル・ヴィクトリー」、「ロックン・ロール・ニガー」、最高です。このアルバムとブルース・スプリングスティーン
「闇に吠える街」(原題：Darkness on the Edge of Town)を聴いては、ニューヨークに想いを馳せていました。

ちなみに、セックス・ピストルズが「ニューヨーク」という歌で「オマエは
ニューヨークから来たニセモノ野郎」とジョニー・サンダースのことを
揶揄すると、すかさずジョニー・サンダースは「ロンドン・ボーイズ」と
という歌で「オマエはションベンも
ひとりでできないチンケな
ロンドン小僧」とやり返したり
していて、そういうところも
おもしろかったです。

ブルース・スプリングスティーン／
闇に吠える街

パティ・スミス・グループ／
ビコーズ・ザ・ナイト、ゴッド・スピード

1978年初夏の頃、NHKで『ツトム・ヤマシタ～ロックの旅』というツトム・ヤマシタさんの全米ツアーの
ドキュメンタリー番組が放映されたのですが、この番組の中で、一瞬ですが、ライブ演奏中のダムドや
パティ・スミス・グループ、セックス・ピストルズが映って興奮しました。ジョニー・ロットンや
パティ・スミス、ミック・ジャガー、ピート・タウンゼントもインタビューに登場しました。
**ピート・タウンゼントはギターをジャカジャカかき鳴らしながら、
「デカい音でやるからロックじゃないんだ。
ストリートでやるからロックなんだ！」と語っていてシビレました。**

雑誌『ZOO』が主催していた『ZOOのアナーキー・コンサート』にもときどき行きました。
このイベントは、吉祥寺のDACスタジオという場所で行なわれていました。
スクリーンを張って、プロモーション・フィルムを流したりするもので、
ザ・ジャムやスージー＆ザ・バンシーズのフィルムを観たのを覚えています。
ちなみに会場では、各レコード会社の販売促進グッズがもらえました。

74年にエリック・クラプトンがカバーした「アイ・ショット・ザ・シェリフ」が大ヒットすると、
レゲエのレコードもポツポツと国内盤が出始めました。ラジオでボブ・マーリー＆ザ・ウェイラーズの特集が
組まれることもありました。兄が買ってきた『**ライブ！／ボブ・マーリー＆ザ・ウェイラーズ**』を
聴いて、その独特なリズムに魅了されたし、「ノー・ウーマン・ノー・クライ」
には本当にシビレましたね。

何かの雑誌でジョン・レノンは「70年代はレゲエの時代になるだろう」
と発言していて、「マインド・ゲームス」ではレゲエ調のベース・ライン
やリズムを使用していたし、ポール・マッカートニーも「Cムーン」
や「007／死ぬのは奴らだ」（原題：Live and Let Die）などの曲で
レゲエを取り入れていました。ボブ・マーリー、ジミー・クリフ、
トゥーツ＆ザ・メイタルズ、ヘプトーンズ、グレゴリー・アイザックス。
いずれも、トロピカルで明るく陽気な曲調なのに、歌詞はけっこう重い
感じです。パンク・ロックにも通じる「ちょっと言わせてもらうけど」感
があり、パンクの人たちがレゲエが好きだったのも、また、ボブ・マーリーが
「パンキー・レゲエ・パーティー」という歌を発表することも理解できました。

ボブ・マーリィ＆ザ・ウェイラーズ／
パンキー・レゲエ・パーティー

ILS-80880　¥2,500
BOB MARLEY & THE WAILERS
STEREO ILS-80880

エクソダス
ボブ・マーリィ＆ザ・ウエイラーズ

STEREO
ILS-80880

ボブ・マーリィ＆ザ・ウエイラーズ／エクソダス

ILS-81020 ¥2,500
MARLEY WAILERS
STEREO ILS-81020
Kaya（カヤ）
ボブ・マーリィ＆ザ・ウエイラーズ
STEREO
ILS-81020

Kaya

ボブ・マーリィ＆ザ・ウエイラーズ／カヤ

ボブ・マーリィ＆ザ・ウエイラーズ／
バビロン・バイ・バス
ILS-30027-28 ¥3,600
MARLEY & THE WAILERS
ボブ・マーリィ＆ザ・ウエイラーズ
ハビロン バイ バス
STEREO
ILS-30027/28
BABYLON BY BUS

CULTURE

HARDER THAN THE REST

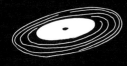

カルチャー／ハーダー・ザン・ザ・レスト

the best of
GREGORY ISAACS

グレゴリー・アイザックス／
The Best of Gregory Isaacs

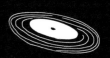

バーニング・スピア／ Marcus Garvey

BURNING SPEAR

MARCUS GARVEY

04

ジミー・クリフ／ストラグリング・マン

ザ・ヘプトーンズ／
Cool Rasta

シュガー・マイノット／Black Roots

ドクター・アリマンタド／Sons of Thunder

ジャスティン・ハインズ＆ザ・ドミノズ／
Jezebel

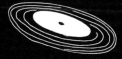

下北沢のスズナリ劇場で、『ザ・ハーダーゼイ・カム』と『ロッカーズ』の2本立てを観に行ったことを覚えています。
ジャマイカのストリートの雰囲気や動くレゲエ・ミュージシャンをたくさん見ることができて、
うれしかった思い出です。動くレゲエ・ミュージシャンといえば、NHKの『ヤング・ミュージック・ショー』で
ボブ・マーリー＆ザ・ウェイラーズやジミー・クリフを観たような記憶もあります。

ジミー・クリフ／ザ・ハーダー・ゼイ・カム

V.A／サウンドトラック・ロッカーズ

ザ・スペシャルズ、ザ・セレクター／
ギャングスターズ、セレクターのテーマ

吉祥寺には、パンクとレゲエを中心にしたナッティ・ドレッドというレコード屋さんがありました。
そこでときどきレゲエの輸入盤などを買っていたのですが、ある日お店の人から
「今、ロンドンではこれが流行っているんだよ」と薦められて買ったのが、
「ギャングスターズ／セレクターのテーマ」のシングル盤です。
79年の暮れの頃でした。
クールな感じの男の人のイラストと、市松模様をあしらったスリーブがカッコよかったですね。

STEREO WWR-20652

俺達が、今をときめくザ・スペシャルズ！知らなかったら遅れてるぜ！
センセーショナルなデビュー・シングル、ごきげんなスカ・ビートで今夜も大荒れ。

THE
SPECIALS

ザ・スペシャルズ〔歌＋演奏＋プロデュース〕

ギャングスターズ
GANGSTERS

セレクターのテーマ〔SIDE 2〕

ザ・セレクター〔歌＋演奏〕 THE 〔プロデュース〕R・ローマス・プロダクション

SELECTER

¥600

Chrysalis ™

家に帰って聴いてみると、**レゲエを速くしたようなリズムにマイナー調のメロディ、どこか中近東風なフレーズのギターがからむという不思議な音楽でした。それが、僕と2トーンとの出会いでした。**

ザ・セレクター／
トゥ・マッチ・プレッシャー

ザ・スペシャルズ／ラットレース、ルード・ボーイズ

ザ・スペシャルズ／
哀しきディスコ・レイディ、インターナショナル・ジェット・セット

ザ・スペシャルズ／
スペシャルA.K.Aライヴ

ザ・スペシャルズ／スペシャルズ

映画『さらば青春の光』が公開され、さらにネオ・モッズ族の隆盛も相まって、2トーンは一般の人々の間にも
広がっていきました。「80年の春夏のファッションは2トーン！」とファッション雑誌もしきりに特集を
組んだりしていて、僕が住んでいた団地のおばさんも市松柄のシャツを着ていました。

79年の4月、ボブ・マーリー＆ザ・ウェイラーズが来日します。でも、どうしてもお金がなくて、僕は来日公演
を観に行けませんでした。今思えば、親に借金をしてでも行けばよかったなあと後悔しています。
知り合いが観に行ったので感想を聞くと、「ボブ・マーリーの周りをずっとハエが飛んでいた」と答えました。
僕は「どこ見てんだよ！」と心の中でツッコミました。その年の梅雨の終わり頃、ドクター・フィールグッドも
来日したのですが、その公演も観に行けませんでした。どちらも悔しい思い出です。

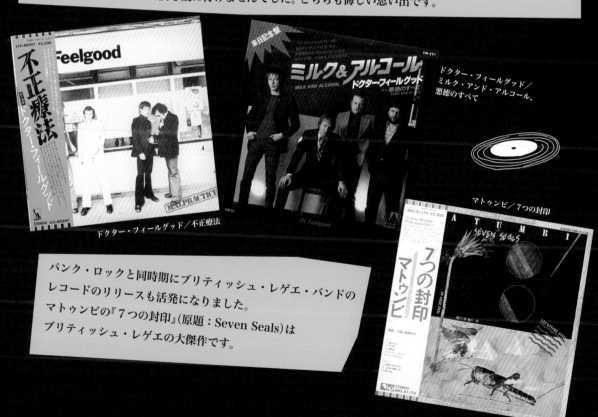

ドクター・フィールグッド／
ミルク・アンド・アルコール、
悪徳のすべて

マトゥンビ／7つの封印

ドクター・フィールグッド／不正療法

パンク・ロックと同時期にブリティッシュ・レゲエ・バンドの
レコードのリリースも活発になりました。
マトゥンビの『7つの封印』(原題：Seven Seals)は
ブリティッシュ・レゲエの大傑作です。

ネオアコ暴動！

neo Acoustic

1977年、パンク・ロックの大爆発をきっかけに、

いろいろなバンドやミュージシャンが出てきました。

ミュージシャンたちは、より自由な精神で

自分たちの音楽をやる流れになっていました。

ネオアコのムーブメントには、77年に爆発したパンク・ロックの

自由な精神がキチンと継承されている気がしました。

パンク・ロック以降に現われたストリート・ミュージックとしてのネオアコは、

叙情性の裏に隠された暴力性もひとつの魅力だと思います。

Neo Acoustic

1977年、パンク・ロックの大爆発をきっかけに、いろいろなバンドやミュージシャンが出てきました。イギリスでは小さなレーベルで自主制作をして、ディストリビュートを大手のレコード会社に任せるという構造改革が起きて、ミュージシャンたちは、より自由な精神で自分たちの音楽をやる流れになっていました。

そんな流れの中、79年にラフ・トレード・レーベルから出たザ・レインコーツの1stアルバムは大好きでした。当時レインコーツは演奏がド下手と言われていましたが、僕はメチャメチャうまいと思っていました。パブ・ロック寄りの流れでは、イアン・デューリー＆ザ・ブロックヘッズ、ザ・モーターズ、ジ・インメイツなんかもゴキゲンでした。

さらには、パンク・ロックを通過したロカビリー、いわゆる"パンカビリー"とか"ネオロカ"などというジャンルの人たちも現われます。テレビで観たストレイ・キャッツの「涙のラナウェイ・ボーイ」（原題：Runaway Boys）のプロモーション・フィルムにはシビレました。おじさんがリバイバルとかノスタルジーで昔のスタイルをそのまんまやるのではなく、**自分と同世代の、明らかにパンク・ロックを意識的に通過した若い連中が鳴らすロックンロール。カッコよかったですね。**1stアルバムでは「ユバンギ・ストンプ」や「ザット・メロウ・サキソフォン」のカバーなどもやっていて、ただ者ではないなと思いました。確か彼らは、1stアルバムが出て半年くらいして来日公演を行ない、僕は中野サンプラザホールに観に行きました。ジーン・ヴィンセントの「インポータント・ワーズ」などをカバーで演っていて、ただ者じゃない感は高まりました。

ザ・レインコーツ／ザ・レインコーツ

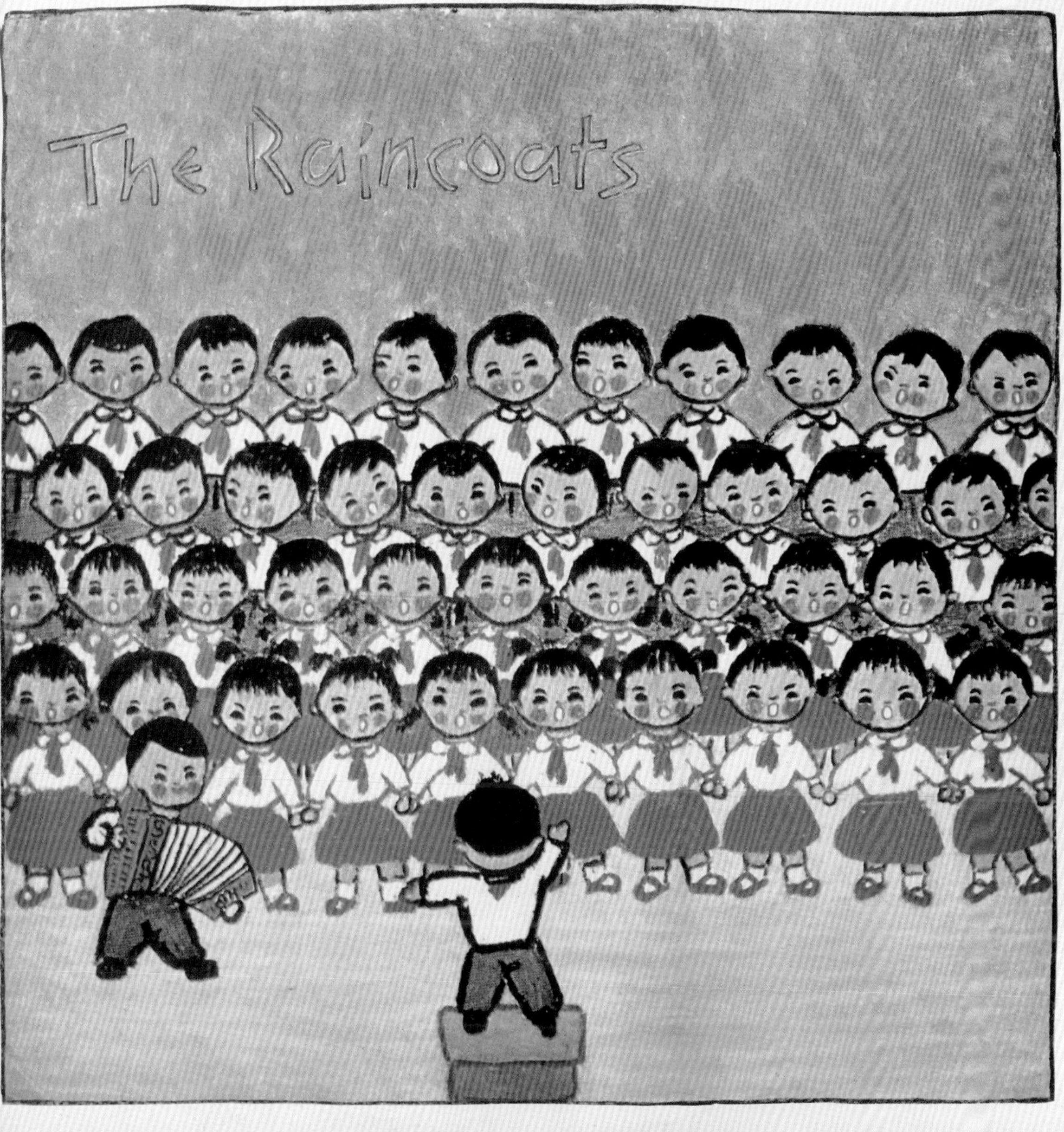
The Raincoats

イアン・デューリー／
ニュー・ブーツ・
アンド・パンティーズ

インメイツ／
ダーティ・ウォーター／
デンジャー・ゾーン

ストレイ・キャッツ／
涙のラナウェイ・ボーイ

ストレイ・キャッツ／
涙のラナウェイ・ボーイ／
マイ・ワン・ディザイアー

モーターズ／ダンシング・ザ・ナイト・アウェイ／
ウイスキー・アンド・ワイン

ある春の午後、寝転んで本を読みながらFMラジオを聴いていると、女の人がアコースティック・ギターだけの
伴奏で、気だるい感じで歌っている曲が流れてきました。妙に気になったので、本を読むのをやめてじっと歌を
聴きました。歌が終わると、DJの女性がトレイシー・ソーンの紹介を始めました。
僕は早速、八王子の新星堂にトレイシー・ソーンのレコードを買いに行きました。
『遠い渚〜ディスタント・ショア』(原題：A Distant Shore)というLPです。
ジャケットのデザインもすごくいい。家に帰ってレコードに針を落とすと、「スモール・タウン・ガール」の
イントロのギターの音に一気に持っていかれました。

それをきっかけにネオアコというものに興味を持ちました。
すぐにベン・ワットの「ノース・マリン・ドライヴ」や、チェリー・レッド・レーベルのコンピレーション盤
『ピロウズ＆プレイヤーズ』などを手に入れました。**ネオアコのムーブメントには、77年に
爆発したパンク・ロックの自由な精神がキチンと継承されている気がしました。**

どこからどこまでをネオアコというのかはわかりませんが、僕の中ではスタイル・カウンシルの
1stアルバム『カフェ・ブリュ』もネオアコの名盤の1枚です。
トレイシー・ソーンの歌う「ザ・パリス・マッチ」が大好きでした。

neo Acoustic

▲遠い渚▶
トレーシー・ソーン
♯/AW-25029・STEREO・¥2,500♯
〈ニュー・ウェイヴ〉

VMC MODERN MUZAK COLLECTION

けだるく過ぎるサニー・アフタヌーン。私を包むクール・アコースティック・サウンド。
そして想うはあなたとの日々……

イギリスからまた新しい動き。トレーシー・ソーン、ベン・ワットの作り出す透明なサウンドは心の安らぎ。

FOLK + BOSSA NOVA + JAZZ = 新感覚浮世絵 ◉日本盤のみ2曲追加

トレーシー・ソーン遠い渚

...non

a distant shore

発売元=トリオ株式会社

north marine drive

ベン・ワット／ノース・マリン・ドライヴ

エヴリシング・バット・ザ・ガール／エデン

neo acoustic 🎻

V.A／ヒローズ＆プレイヤーズ

ヒローズ＆プレイヤーズ

トレーシー・ソーン／遠い渚〜ディスタント・ショア

この頃の僕の一番のお気に入りだったのは、ペイル・ファウンテンズです。クレプスキュールというレーベルから
出ていた「サムシング・オン・マイ・マインド」という12インチ・シングルを新星堂で買いました。
新星堂は『シリウス・シリーズ』と銘打って、クレプスキュール・レーベルのレコードを独自に三角の帯を付けて
販売していました。
ペイル・ファウンテンズは後にヴァージン・レコードと契約して、『パシフィック・ストリート』という80年代を
代表する大傑作アルバムを発表します。

ペイル・ファウンテンズ／
(Don't Let Your Love) Start A War,
Love Situation

ペイル・ファウンテンズ／
Just A Girl,
(There's Always) Something on My Mind

ペイル・ファウンテンズ／
Jean's Not Happening, Bicycle Thieves

ペイル・ファウンテンズ／
(There's Always) Something on My Mind,
Just A Girl

ペイル・ファウンテンズ／
Palm of My Hand

neo acoustic

ペイル・ファウンテンズ／Pacific Street

THE PALE FOUNTAINS

pacific street

ザ・スミスも最初はネオアコのひとつとして紹介されていて、1stアルバムを出す頃には
「期待度NO.1のUK新人ロック・バンド」ということになっていきました。でも、ペイル・ファウンテンズは
そのスミスのようにコアなロック・ファンにアピールしているわけでもなかったし、かといって
洋楽ポップス好きな人にも特別アピールしているわけでもありませんでした。
「一体どこの誰にアピールしているのか？　ひょっとして僕？」なんて思っていました。

ザ・スミス／ザ・スミス

ザ・スミス／
This Charmingman,
Jeane

ドゥルッティ・コラム／アナザー・セッティング

ジ・アルカディアンズ／
イッツ・ア・マッド・マッド・ワールド

エコー＆ザ・バーメン／
The Killing Moon (All Night Version)
The Killing Moon, Do It Clean

neo Acoustic

アステック・カメラ／ハイ・ランド・ハード・レイン

ロータス・イーターズ／The First Picture Of You

ヴァージニア・アストレイ／メルト・ザ・スノウ

ザ・フレンチ・インプレッショニスツ／
ア・セレクション・オブ・ソングス

ボーダー・ボーイズ／トリビュート

パンク・ロック以降に現われたストリート・ミュージックとしての
ネオアコは、叙情性の裏に隠された暴力性もひとつの魅力だと思います。

日本のCool Beat

日本のポップ・ミュージックも、もちろん大好きでした。

昔は現在よりもテレビで歌番組をたくさんやっていたし、

ラジオも『トップ10』や『ベスト10』のような番組がたくさんあって、

FMラジオからも1日中音楽が流れていました。

中でも僕にとって一番重要だったのは、『ぎんざNOW!』というテレビ番組でした。

洋楽のプロモーション・フィルムやバンドの生演奏が観られる番組は

あんまりなかったので、欠かさずに観ていました。

日本のポップ・ミュージックも、もちろん大好きでした。
昔は現在よりもテレビで歌番組をたくさんやっていたし、ラジオも『トップ10』や『ベスト10』のような番組が
たくさんあって、FMラジオからも1日中音楽が流れていました。中でも僕にとって一番重要だったのは、
『ぎんざNOW!』というテレビ番組でした。

ほぼ毎日観てました。

この番組は、音楽番組というよりは若者向け情報番組で、月〜金の夕方に放送されていました。
この番組を観ていないと学校で話題についていけなくなるし、たぶん、小学生から高校生まで全員が
観ていたんじゃないか？と思わせるほど、絶大な影響力がありました。
『ぎんざNOW!』は関東ローカル番組だったのですが、それを知ったのはずいぶんあとのことです。

番組では、映画や音楽、街で流行っているものなどの情報や、バンドの演奏、『しろうとコメディアン道場』の
コーナーなどもやっていました。洋楽のプロモーション・フィルムやバンドの生演奏が観られる番組は
あんまりなかったので、欠かさずに観ていました。キャロル、ダウン・タウン・ブギウギ・バンド、ガロ、
チューリップ、クールス、メイベリン、ハリマオ、ドゥーT.ドール、近田春夫&ハルオフォン、ショット・ガン
といったバンドが出ていましたね。来日した海外ミュージシャンもよく出演していて、パット・マッグリン
とかベイ・シティ・ローラーズ関係の人たちも、来日すると必ず出ていた印象があります。

ほかにもこの番組で、いっぱいバンドやフォーク・シンガー、アイドル歌手を見ました。キャンディーズが「あなたに夢中」でデビューしたときに初めて見たのもこの番組だし、フィンガー5の「個人授業」もそうです。『しろうとコメディアン道場』には、ラビット関根さんや竹中直人さんが出ていたし、5週勝ち抜きの優勝者を集めてザ・ハンダースというグループも結成されました。この番組をきっかけに全国的にブレイクする、みたいなこともよくありました。近田春夫&ハルヲフォンとか、演奏も上手だったし、楽曲も良かったので、「もっともっと売れてもいいのになあ」なんて思っていました。『サムとミキのポップティーン・ポップス』というコーナーでは、**最新洋楽ポップスの情報とともにプロモーション・フィルムなども流してくれて、僕は釘付けでした。**この手の情報番組は映像なんか残っていないと思うけど、残っていたらもう1回観たいものです。

小学6年生の秋の日、家族で西友に出かけました。
その日の親父はなぜか機嫌も気前も良くて、「レコードを買ってやるよ」と言いました。
僕は、『ぎんざNOW!』をきっかけに知ったチューリップの「心の旅」のシングルを選びました。
すると親父は、「もっと大きいのにしろよ」と言います。「大きいのって何?」と思いましたが、
すぐにLPレコードのこと言っているんだと気づきました。それで、発売されたばかりの
『ライブ!! アクト・チューリップ』というライブ・アルバムを買ってもらいました。

兄が高校の入学祝いにステレオ・セットを買ってもらうと、エアチェックも欠かせなくなってきました。
当時NHK-FMはレコードを丸ごとオンエアしていました。曲名を言って、「では6曲続けてどうぞ」。
それから今度はB面の曲名を言って、「では6曲続けてどうぞ」……みたいな感じです。
もちろん僕は、全曲カセットテープに録音して、FM情報誌を見ながらインデックス・カードに曲名を
記していきました。大体はSONYやTDKのカセットテープを使っていましたが、お金がないときは
長崎屋のオリジナル・ブランドSUNBIRDのカセットテープを使ったりしていました。
安かったからです。

『ぎんざNOW!』で知ったキャロルも、僕の大好きなバンドになりました。
声も良かったし、日本語と英語がチャンポンになった歌詞が、ノリの良いポップなメロディで炸裂します。
内海利勝さんのギターもカッコいい。ライブ・バージョンの「涙のテディボーイ」のソロとか、最高です。

キャロルといえば、矢沢永吉さんのデビュー40周年のイベントにクロマニヨンズが出演させていただいた
ときに打ち上げの場が用意されていて、僕はベロベロに酔っ払ってしまい、「僕の初めてのエレキ・ギターは
キャロルの解散の日に買いに行ったんです」なんて矢沢さんに訴えていました。
矢沢さんは笑顔で応えてくれましたが、たぶん困惑したと思います。どうもすみませんでした。

ダウン・タウン・ブギウギ・バンドも好きでした。
ちょうどキャロルが解散してしまう頃、「スモーキン・ブギ」が大ヒットしました。
学校の春の遠足で、バスの中でみんなで歌う歌集を作る係を友達が担当していました。
さまざまな流行歌の歌詞に混ざって、「港のヨーコ・ヨコハマ・ヨコスカ」の歌詞も載っていて、
「どうやってみんなで歌うんだよ？」と思った記憶があります。

何かのテレビ番組で「パチンコ」を歌う憂歌団にも興味を持って、友達とお金を出し合って
『生聞59分』を買いました。歌詞もおもしろかったし、ギター・プレイも最高でした。
兄の影響で外道や頭脳警察なんかを知ったのもこの頃です。兄が不良の友達からレコードを
借りてきたんです。このような、わりとマニアックな日本のロックは、不良や暴走族の人たちが
よく聴いていた印象があります。

友人から借りて聴いたジャックスも衝撃でしたね。何か、異世界から飛んできたような歌。
「ボク、おしになっちゃった〜」とスピーカーから流れてきたときには、凍りつきました。
ジョン・リー・フッカーを初めて聴いたときにも通じる、得体の知れない迫力を感じました。

やがて、それまで演歌やアイドル・ポップスが主流だったテレビ番組に、ツイスト、Charさん、原田真二さん、ゴダイゴ、サザンオールスターズなどが出演するようになり、ヒット・チャートに風穴を開けていきます。テクノポップも盛り上がってきて、P-MODEL、ヒカシュー、プラスチックスは「テクノポップ御三家」なんて言われていました。テクノポップは広く一般に浸透して、全国的なブームになったのです。

NHKの子供向け情報番組の『600こちら情報部』でも特集が組まれ、P-MODEL、ヒカシュー、プラスチックスがスタジオ・ライブをやったこともあります。近田春夫さんが司会をしていた夜の番組に、リザードやA.R.Bやプラスチックスなどが出演しているのを観たのもこの頃でした。

P-MODEL／
KAMEARI POP、ヘルス・エンジェル

P-MODEL／美術館で会った人だろ、サンシャイン・シティー

プラスチックス／
トップ・シークレット・マン、デリシャス

リザード／T.V.マジック、ラヴ・ソング

ヒカシュー／二十世紀の終りに、ドロドロ

アレキサンダー・ラグタイム・バンド／
魂こがして、Tokyo Cityは風だらけ

『夜のヒットスタジオ』で「ユー・メイ・ドリーム」を演奏するシーナ&ザ・ロケッツにもシビレました。

「わぁー、これからは日本の音楽もロックが主流になっていくんだ」という高揚感がありました。

また、何かの歌番組で、化粧をして派手な衣装で「ステップ」という歌を歌っている人を見ました。
テロップに「RCサクセション」と出たので、「この人がRCサクセションという人なのかなあ」と思いました。
でも、それにしては日本人っぽいし、日本語も上手。RCサクセションがバンドだということを知ったのは、
後日『ステレオ音楽館』という番組を観たときでした。「雨あがりの夜空に」や「いい事ばかりはありゃしない」
などをスタジオ・ライブで演奏していて、ぶっ飛びました。

RCサクセション／
雨上がりの夜空に、
君が僕を知ってる

RCサクセション／ボスしけてるぜ、キモちE

RCサクセションのライブを初めて観たのは、横浜スタジアムで行なわれた『DAY OF R&B』というイベントです。
RCサクセションは「サマー・ツアー」という曲がちょうどヒットしていた頃で、当日のライブもメチャクチャ
盛り上がっていました。そのイベントのトリはチャック・ベリーだったのだけれど、RCサクセションが
終わったら帰っちゃう人たちもいて、僕は「チャック・ベリーを観ないで、帰るんだ!?」と驚きました。

シーナ&ロケット／ユー・メイ・ドリーム、レイジー・クレイジー・ブルース

fa
019
045

VISIT A
NEW PLANET
SHEENA & the ROKKETS

Rokkets

パワフルなビート／スピード感溢れるポップ!!リアルタイムなビート・グループ、
シーナ＆ロケットのファースト・シングル。Ｙ・Ｍ・Ｏ完全バック・アップ。

SIDE1 : YOU MAY DREAM
SIDE2 : LAZY CRAZY BLUES
レイジー・クレイジー・ブルース

パンク・ロックの情報を集めているうちに、音楽評論家の森脇美貴夫氏が編集長を務めていた隔月刊の
音楽雑誌『ZOO』を知ることになります。『ZOO』はパンク／ニューウェーブに力を入れていた雑誌でした。
国内のパンク・バンドなども紹介していて、この雑誌を読んで、六本木のS-KENスタジオを中心に
東京ロッカーズというムーブメントが起きていることを知りました。

僕は日本のバンドが見たくなり、S-KENスタジオに行きました。
出演していたのは、フリクション、ミラーズ、チェインソー、ミスター・カイトなど。
初めて観たフリクションは、ラピスさんがギターを弾いていたと思いますが、カッコよかった。
バンドもお客さんも、高校生だった僕よりずっと大人な感じがしました。
フリクションは、そのあとすぐにギターがツネマツサトシさんになりますが、変わらぬカッコよさでした。

V.A／東京ROCKERS

六本木の"S-KEN"スタジオに
観に行きました。

FRICTION／I CAN TELL、Pistol

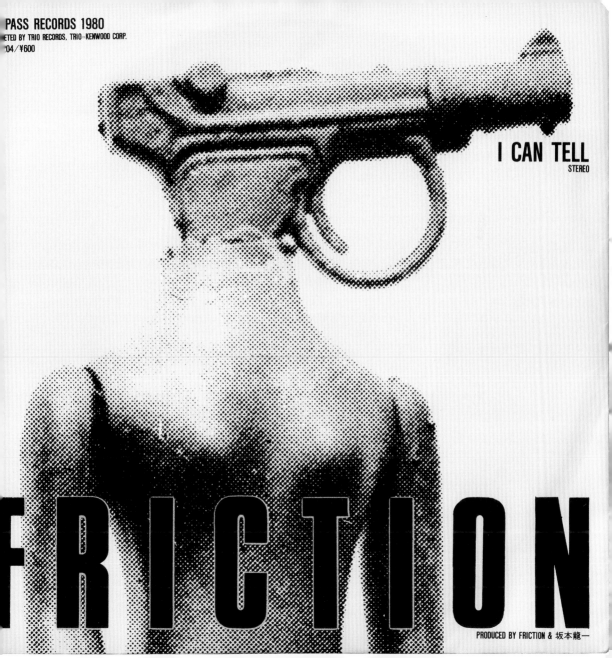

PASS RECORDS 1980
ETED BY TRIO RECORDS, TRIO=KENWOOD CORP.
'04／¥600

I CAN TELL
STEREO

FRICTION

PRODUCED BY FRICTION & 坂本龍一

原宿のSMASHというパンク・ブティックにもときどき顔を出すようになって、ボルシーというバンドの
石田君や横山君、不正療法というバンドをやっていた森本君や百樹君と知り合いになりました。
SMASHのオーナーの杉中サトシ氏はとても素敵な人で、店の奥の部屋で最新のパンク・ロックや
60年代のブリティッシュ・ビート・グループのレコードなどをよく聴かせてくれました。

1978年のクリスマスに、SMASH主催のイベントがS-KENスタジオで行なわれました。
バンドの演奏とフィルムの上映を交互にするという構成で、僕と僕の友達も、ライブをやらせてもらえることに
なりました。けれど、僕らはふたりともギター＆ボーカルで、ベーシストとドラマーがいません。
そこで杉中氏に紹介してもらって、ドラムにボルシーの田島君、ベースに8 1/2の中島君という4人編成で、
R&Bをブチかましました。「Fortune Teller」、「Some Other Guy」、「Carol」、「Down The Road Apiece」
なんかを演奏したと思います。

EX／
PLATINUM NIGHT、
Masked Ball

アナーキー／
ノット・サティスファイド、あぶらむし

PANTA&HAL／
ルイーズ、ステファンの6つ子

BOYS BOYS／
MONKEY MONKEY、CONTROL TOWER

Business／うわきわきわき、24hours

132

そのとき、**このイベントに出るためにつけたバンド名が、ザ・ブレイカーズです。電気のブレーカーから取りました。**その頃住んでた団地がよく停電して、親父が「また、ブレーカーが落ちたな」なんて言いながらリセットしていました。

ちなみにこのイベントのフィルム上映会では、初めて動くセックス・ピストルズ、ザ・クラッシュ、ザ・ストラングラーズ、999なんかを観ました。シビレました。ライブにはボルシーも不正療法も出演していたし、楽しいイベントでした。

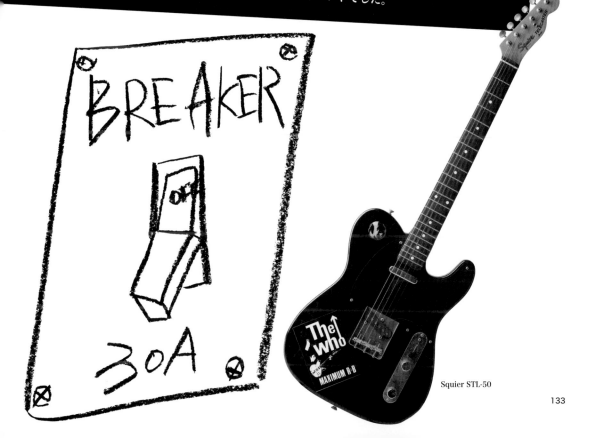

Squier STL-50

The Jam
Carl Perkins Sam Cooke
Everly Brothers The Beatles The Kinks
The Special
The Smith Little Richard LaH
Otis Redding Ge
Ian The Rolling Stones
Dury Fa
Tom Robinson Band
The
Motors Buddy Holly
Jerry Lee Lewis
The Raincoats
The Who
Ray Charles

e Stranglers

eddie Cochran Bob Dylan The Adv

illiams Gerry & The Pacemakers

incent the pale Bruce Springsteen
Fountains

The Searchers The Clash

RAMONES John Lee Hooker T.

Elvis Presley O.
T.

Elmore James &

Swinging Blue Jeans The Drifters

Muddy Waters The Coasters Bob

Sex Pistols Joe Strummer Marley

ll Faces Damned Generation X Rc

Tracey Thorn Elvis Costello

ちゃんと数えたことがないのでわからないですね。でも、いっぱいあります(笑)。
若いときにお金がなくてレコードを売ってしまい、大変後悔してしまったことがあるので、それ以来レコードは増え続ける一方です。もうレコード棚には入りきらなくなっていて、棚の前に立てかけてあったり、じかに床に積んであったりします。10年くらい前にHMV-157という機種の蓄音機とHMV-102というポータブルの蓄音機を買って、SPレコードも買い始めたので、ますます収拾がつかない状況になっています。
ミード・ルクス・ルイスやパイントップ・スミス、ピート・ジョンソンなどのブギウギや、
ルイ・アームストロング、ミルドレッド・ベイリー、ベッシー・スミス、古いニュー・オリンズのジャズのSP盤なんかをよく聴いています。同時期にブルーノート・レーベルやプレスティッジ・レーベルのレコードを中心に、ジャズもよく聴くようになりました。オリジナル盤はものすごい値段がついているので買えません。
アルバート・アイラーなんかもおもしろくて大好きです。それと、ライブ・アルバムを爆音で聴くのは、気持ちいいです。アート・ブレーキー、ビル・エヴァンス、ボブ・マーリー、ローリング・ストーンズなどなどです。

曲作りの勉強のために音楽を聴くということはないです。自分にとっておもしろそう、あるいはおもしろいもの、楽しそう、あるいは楽しいもの、という感じで、興味の赴くままに聴いています。ロックンロール、ジャズ、ボサノバ、アフリカの音楽、シャンソン、クンビア、クラシック……もろもろなんでも、ジャンルは問いません。目に入ってくるもの、耳に入ってくるものすべてから影響を受けていると思います。顔を洗うときの水の音、お湯が沸く音、テレビやラジオから流れる誰かのおしゃべり、セミの声、クルマのエンジンの音、踏切が鳴る音、椅子をひく音、なんでもかんでもです。おもしろい本を読んだり、興味深い映画を観たりもそうです。そういう、ありとあらゆるものが自分の中でゴチャ混ぜになって、かき回されて、くっついたり離れたりして、ある日ポンと歌になって生まれてくるんです。そのメカニズムはよくわかりませんし、わかろうとも思いません。歌詞に関しては、意味なんか求める必要はないと思います。作者がその歌にどんな意味を込めて作ったのかというよりも、受け止めた自分がどう感じたのかのほうがおもしろいと思います。実際ビートルズも、「君も〜、ギターを〜買えば〜」なんて歌詞を歌っていたわけではありません。セックス・ピストルズなんかは「君には未来なんてないんだよ〜ん」と歌っていましたが、僕はその歌を聴いて元気づけられたりしていたのです。

（笑）。今まで買ったレコードで一番高価だったレコードは？

たぶん、ビートルズの『イエスタデイ・アンド・トゥデイ』というアルバムのブッチャー・カバーだと思います。

ブッチャー・カバーってなんですか？

1960年代、いろいろなアーティストの作品が、いろいろな国で独自の編集盤が作られていたそうで、ビートルズも例外ではなかったようです。それらは、イギリスのオリジナル盤とは違ってさまざまな編集がなされていたようで、僕が初めて買った『ビートルズ！』というアルバムも日本で独自に編集されたものでした。アメリカでも独自の編集でいろいろビートルズのアルバムが出されていたようで、これはそのアメリカ編集盤の1枚ということになります。65年になると、それまでのシングル・ヒット中心というよりもアルバム単位で自分たちの音楽を表現していこうと意欲的になったビートルズは、『ラバー・ソウル』という自信作にして傑作を世に問いました。しかしアメリカでは、このアルバムも改竄、編集されてしまいます。

"アルバムの価値"などを考えると、もったいない気持ちもしますね。

真相はわかりませんが、それまでの『4人はアイドル』的な可愛い子チャンのイメージを覆すためか、勝手な編集を続けるアメリカのレコード会社への挑発のためか、ビートルズは、次のアメリカの編集アルバム『イエスタデイ・アンド・トゥデイ』のジャケットに、白衣を着たメンバーが、首の取れた赤ん坊の人形や生肉に囲まれているという少しグロテスクな写真を指定しました。レコード屋さんやレコード会社内部からも批判が出て、ジャケット変更、出荷差し止めの通達が出されましたが、すでにそのジャケットのまま出荷されてしまったものもありました。レコード会社は刷り上がってしまったレコードに対して、新しいジャケットをその上から貼り付けるという対応をしました……というのが大体の"ブッチャー・カバー事件"のあらすじです。

僕が知っているのはこの程度ですが、ビートルズの本を読めばもっと詳しく書いてあると思います。
このようにして、ブッチャー・カバーの『イエスタデイ・アンド・トゥデイ』は珍品としての価値を持つように
なったようです。この出荷差し止め要請が間に合わず、そのままレコード店に並んでしまったものが1stステート、
別のジャケットをその上から貼り付けたのが2ndステート、その貼り付けたジャケットを剥がし、もとの
ジャケットに戻したのが3rd ステートと呼ばれているようです。僕が手に入れたのはけっこう状態の良い
2ndステートで、ところどころもとのジャケットが薄く透けて見えてたりします。
ビートルズ・ファンとしてはどうしても欲しかったのでしょうがありません。

そうですね。レコードのことをこんな風に語るような時代が来るとは予想すらできませんでした。
特にヒット・ポップスやロックのレコードなどは消耗品として扱われていたような気がします。
流行ってるそのときに聴くもので、将来、骨董的な価値が出るなんて誰も思っていなかったんじゃないでしょうか。
僕の友達なんかも、帯は買ってすぐに破って捨ててました。今は帯がついているかついてないかで何倍も価値が
違ってしまいます。

レコード棚はある程度ジャンル分けしてあります。大体ですが、この辺は50年代アメリカ、
こっちは60年代イギリス、ここはパンク/ニューウェーブ、あっちはジャズとブルース……みたいな感じです。
でもどんどんレコードが増えてくると棚に収まりきらなくなって、箱に入れて積んだり、部屋の空いている
スペースに置くようになって。ツイスター・ゲームのような体勢で移動したりしてます。
そのうち酔っぱらっているときかなんかに大惨事を引き起こすような気がしています。

本書に掲載されているレコードはコレクションのほんの一部とのことですが、
ほかにも紹介したかった作品はありましたか?

山ほどあります。それはまた今度、Vol.2で、ということで。

(笑)。ちなみに、真島さんがレコード屋に入ったら、どのような順番で店内をチェックしているのですか?

とりあえず最初に新入荷のコーナーを見ます。それからシングル盤を見に行ったり、パンク/ニューウェーブの
コーナーに行ったり'60年代のブリティッシュ・ビートを見たりですかね。中古レコード屋さんではシングル盤
を最初に見ます。「こんなレコード出てたんだ!」みたいなウキウキするような発見があります。

欲しいと思ったものは迷わず買う、という感じですか?

そうです。中古レコードは「迷ったら買っておけ」というのは鉄則ですから。
帰宅してから「やっぱり買っておけばよかったなぁ」などと思って翌日またお店に行ってみると、もう誰かに
買われてしまってない、というのは実によくあるパターンです。そのときの後悔と絶望感で、お店でそのまま
死んだ顔で立ちつくしたことは何回かあります。最近は新譜レコードもプレス枚数が少ないので、
「見つけたら買え」というのはやっぱり中古レコードに限らず鉄則ですね。

最後に、この本を読んでくれた人たちへ一言お願いします。

ロックンロール最高!! ありがとう!!

INDEX

INDEX

ROCK&ROLL RECORDER

2022年2月10日　第1版第1刷発行
2023年3月20日　第2版第3刷発行

著者	真島 昌利
発行者	加藤 一陽、尾藤 雅哉
発行所	株式会社 ソウ・スウィート・パブリッシング
	〒154-0023 東京都世田谷区若林2-30-5-3　TEL・FAX：03-4500-9691

担当編集	尾藤 雅哉
装丁・デザイン・DTP	菅谷 晋一（エポック株式会社）
取材・編集協力	森内 淳（DONUT）
撮影	西槇 太一、Dream Aya
協力	金本 峻典（株式会社竹尾）、杉山 律子（図書印刷株式会社）、中西 五代（有限会社ハッピーソング）
印刷・製本	図書印刷株式会社

Printed in Japan　　ISBN978-4-9912211-0-1